A FREQUÊNCIA DO SUCESSO

DANIEL MAZZEU

A FREQUÊNCIA DO SUCESSO

Transforme seus objetivos em grandes conquistas com o Método RFID

Labrador

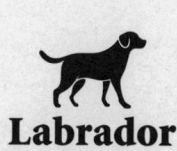

Daniel Mazzeu, 2024
Todos os direitos desta edição reservados à Editora Labrador.

Coordenação editorial Pamela J. Oliveira
Assistência editorial Leticia Oliveira, Jaqueline Corrêa
Projeto gráfico Amanda Chagas
Capa Diego Cortez
Diagramação Estúdio dS
Preparação de texto Lígia Alves
Revisão Jacob Paes

Dados Internacionais de Catalogação na Publicação (CIP)
Jéssica de Oliveira Molinari - CRB-8/9852

Mazzeu, Daniel
  A frequência do sucesso : transforme seus objetivos em grandes conquistas com o Método RFID / Daniel Mazzeu.
  São Paulo : Labrador, 2024.
  240 p.

  ISBN 978-65-5625-574-3

  1. Autoajuda I. Título

24-1542   CDD 158.1

Índice para catálogo sistemático:
1. Autoajuda

Labrador

Diretor-geral Daniel Pinsky
Rua Dr. José Elias, 520, sala 1
Alto da Lapa | 05083-030 | São Paulo | SP
contato@editoralabrador.com.br | (11) 3641-7446
editoralabrador.com.br

A reprodução de qualquer parte desta obra é ilegal e configura uma apropriação indevida dos direitos intelectuais e patrimoniais do autor. A editora não é responsável pelo conteúdo deste livro. O autor conhece os fatos narrados, pelos quais é responsável, assim como se responsabiliza pelos juízos emitidos.

Daniel se destaca trazendo não somente "o que fazer?" e "como fazer?", mas transformando experiências em métodos aplicáveis à nossa individualidade. Sua narrativa apaixonada traz à tona a alma de quem viveu na prática os percalços da vida e que, em um gesto de humildade e generosidade, traduziu neste livro a sabedoria de sua jornada, a fim de fomentar a nossa vontade de realizar mais em nossas vidas.

Quer saber o que RFID tem a ver com as pessoas? Leia este grande livro!

Marcelo Bravo
Gerente Geral da Xerox do Brasil

Mais que um livro, esta obra é um guia prático de sucesso para ter como fonte permanente de estudo. A partir de sua própria história, Daniel nos leva a um caminho de autodescobrimento, amor e superação. A narrativa mantém um equilíbrio entre reflexão e ação, fazendo desta obra um convite à ação para superarmos os desafios diários que todos enfrentamos a caminho de nossos desejos mais íntimos.

Parabéns pela grandiosa obra!

Aris Nielsen
Instrutor da Fundação Napoleon Hill USA

Neste livro, meu amigo Daniel Mazzeu oferece um guia rico e prático para alcançar o sucesso em todas as áreas da vida. Utilizando o Método RFID, você aprenderá a refletir sobre suas experiências passadas, ajustar sua frequência mental de maneira positiva, visualizar um futuro brilhante e cultivar a determinação necessária para transformar seus sonhos em realidade. *A Frequência do Sucesso* é um convite para uma jornada de autodescoberta, crescimento pessoal e realização.

Anderson Kolberg
CCO NDD Tech

Um livro de fácil leitura, que transmite muito conhecimento e abrirá a mente e os olhos do leitor para o crescimento profissional e pessoal. Tenho certeza de que quem ler o livro vai mudar o mindset e se inspirar na força do autor e de seu método.

Lucas Anchieta
Gerente de Produtos na Brother International

O autor aborda de maneira muito assertiva a questão das vibrações, ressonância e frequência que emanamos, e como o Universo e as pessoas ao redor reagem e interagem com essas vibrações. O livro traz insights e métodos que, certamente, ajudarão o leitor a extrair o melhor da vida e das pessoas, com alguns ajustes simples e usando o método RFID. Enfim... genial! Leitura necessária, leve e agradável, recomendo!

Thiago Maggio
Solutions Specialist na Simpress - HP

O autor aborda o autodesenvolvimento de forma simplesmente magnífica, trazendo um método claro, didático e, mais importante, fácil de colocar em prática. A metodologia é muito bem fundamentada e os processos têm uma sequência lógica para alcançarmos os nossos objetivos pessoais e profissionais. Nota 1000!

André Araujo
CEO da Agência Conatus

Mazzeu apresenta neste livro grandes lições de resiliência, coragem e, como uma fênix mitológica, a capacidade única de reaprender e se reinventar mais forte e mais disposta a superar as adversidades. Diferente de outros métodos de desenvolvimento pessoal, o Método RFID pode ser adequado à sua realidade e necessidade, desde que esteja motivado para executá-lo. Excelente leitura!

Helton Mourão
Gerente Geral Katun do Brasil

Mazzeu consegue demonstrar, com muita simplicidade e objetividade, que não basta somente ter uma boa ideia para ter sucesso como empreendedor. Quem vê os resultados colhidos não sabe a necessidade de resiliência e determinação necessária para seguir em frente e alcançar os objetivos, sem deixar de lado o cuidado com sua família. Com muita didática, Mazzeu traz sua metodologia RFID, pois o sucesso dele como empresário tem como pilar a comunicação e empatia para gerir equipes de alta performance. Excelente leitura!

Richard Carnelossi
Vice-Presidente de Serviços Latam na Convergint

O método RFID nos conduz na criação ou preservação da própria identidade que demanda, sobretudo, autoconhecimento para identificar o que precisa ser modificado, aquilo que é inegociável e principalmente o que deve ser valorizado. Isso inicia o processo de autoconsciência, que traz luz para qual caminho seguir e o que ajustar durante o processo.

Luis Zanelli
Gerente Técnico Kyocera

A Frequência do Sucesso, de Daniel Mazzeu, é um guia essencial para sucesso pessoal e profissional; uma fonte inspiradora com abordagem estruturada para o sucesso em todas as áreas da nossa vida.

Élvio Arruda
Gestor de Canais e Pré-vendas Xerox do Brasil

Obra super inspiradora! O método proposto levará o leitor a novos níveis de conquistas pessoais e profissionais. Os relatos pessoais do autor enriquecem a leitura e respaldam o método RFID de forma brilhante. Conteúdo fascinante! Amei!

Paula Penteado Lima
Psicóloga Cognitivo Comportamental

A Frequência do Sucesso é um livro improvável, pois pouquíssimos teriam a lucidez para escrever algo tão inspirador frente a tantos desafios. Um livro sobre foco e superação, cuidado pessoal e, principalmente, sobre o potencial transformador que todos temos dentro de nós.

Alexandre Almeida Prado
Sócio-Diretor da Dalff
Desenvolvimento Empresarial

O método RFID é um guia intuitivo e racional de anos de aprendizado do autor, em que ele esclarece como superar desafios através da dedicação e de um espírito empreendedor.

Marcelo Seike
Diretor da DAF do Brasil

Um livro inspirador, que traz à tona grandes histórias de resiliência, determinação e superação de um executivo e empreendedor incrível!

Felipe Buckup
Executivo e Investidor Anjo

Daniel consegue, de uma maneira simples, mas muito efetiva, presentear seus leitores com um guia prático e acessível de como conectar, melhorar e aperfeiçoar o potencial humano. Por meio de suas próprias experiências, ele dá exemplos claros da eficácia do seu método. Livro imperdível!

Hebe Leine de Mare
Psicóloga para o Governo do Estado da Califória, EUA

Simplesmente um livro maravilhoso, me fez refletir muito. Ver as superações do escritor abriu novas possibilidades na minha vida e me fez tomar coragem para sair da famosa zona de conforto, e enfrentar a vida independentemente das dificuldades. Uma leitura leve, que te leva a querer "engolir" o livro. Foi uma honra poder participar das primeiras leituras, me fez ir muito mais além do que eu imaginava conseguir.
Gratidão.

Letícia Macegosa
Mãe e empreendedora

Quem diria que eu, com apenas 16 anos, me interessaria por um livro do gênero? Acabei caindo de paraquedas para ler o manuscrito original e hoje tenho certeza de que foi meu melhor pouso possível. O livro foi um ponto fundamental para despertar o "empreendedor mirim" em mim.
Obrigado, Daniel Mazzeu.

Danilo Oliveira
Estudante do Secundária

Ao terminar de ler o livro de Daniel Mazzeu tive a convicção de estar diante de um best seller, pois o método ajudará muitas pessoas a se desenvolverem e tornarem suas vidas mais ricas e felizes. Além da incrível jornada do autor, fiquei impressionado com a gama de conhecimentos e aprendizados acumulados em um só livro. Seguramente, uma leitura obrigatória para alguém que quer se tornar uma pessoa melhor, e alcançar resultados extraordinários na vida.

Dr. Mateus Augusto Amaral
Empreendedor e Advogado Previdenciário

Um dos livros de gestão mais naturais que tive o prazer de ler, que traz a gestão para a vida de forma leve e fácil de ser entendida e aplicada. *A Frequência do Sucesso* ilustra como a nossa história pode sempre ser melhorada por meio de uma metodologia clara e objetiva. Livro inspirador!

Carlos Agrícola
Sócio-Diretor da Quatri
Arquitetura e Construção

Além de meu grande mentor, Daniel Mazzeu é um dos caras mais inspiradores e extraordinário que eu conheço. Sua trajetória de desafios, superação, milagres e sucesso reflete a mentalidade campeã que possui.

No Método RFID, Mazzeu nos ensina que não há sucesso sem sacrifícios e que sempre haverá muitos obstáculos a serem superados, mas quando estamos alinhados com nosso propósito, não há dificuldades que nos façam desistir. Daniel também nos ensina como ajustar a nossa frequência com a frequência do sucesso, utilizando reflexões inspiradoras para extrair o máximo do nosso potencial.

Gilberto Grando
CEO na Grando Administradora de Seguros

Um livro fantástico, envolvente e inspirador, em que Mazzeu nos transmite com muita maestria do início ao fim a frequência positiva da vida rumo ao sucesso.

Carla Coda
Gerente de Contas Epson do Brasil

Livro inspirador, provoca muita reflexão e nos lembra do nosso poder divino de conquistar grandes realizações, independentemente das circunstâncias. Excelente leitura!

Michel Antony Garcia
Supervisor de Vendas Kyocera

Leitura cativante! Como terapeuta, vejo que o método RFID é uma jornada objetiva e cativante para todos que querem desenvolver seu potencial e conquistar seus objetivos e sonhos.

Cristina Costa
Psicóloga para o Governo do Estado da Flórida, EUA

AGRADECIMENTOS

Tive a felicidade de ter muitos professores maravilhosos e gostaria de mencionar alguns dos principais. Tenho certeza, no entanto, de que acabarei esquecendo de alguns importantes, dado o número de pessoas excepcionais que cruzaram o meu caminho. Mas vale dizer que, de alguma forma, todos os que passaram pela minha vida me trouxeram algum aprendizado produtivo.

Obrigado a todos!

Agradeço infinitamente à minha filha e professora Giovanna Vittoria por todas as bênçãos, ensinamentos e alegrias que me traz a cada dia. Obrigado, Gigi!

Agradeço à Daniela por ser uma parceira tão iluminada e corajosa. Seu amor pela nossa filha vai além do que palavras podem expressar. Me sinto honrado por ter você em minha história e feliz pela sua infinita devoção à nossa amada filha. Obrigado, Dani!

Agradeço à minha mãe e professora por ter me ensinado a amar os livros e as pessoas sem distinção.

Agradeço ao meu pai e professor por me ensinar a coragem de encarar os desafios da vida de peito aberto.

Agradeço à minha irmã e professora Priscila pela parceria e por todas as lições de fé e de perseverança.

Agradeço ao meu tio-avô Lúcio Mazzeu, um homem iluminado a quem tanto admiro.

Agradeço à minha avó e professora Edith por me ensinar o valor do amor incondicional.

Agradeço ao meu avô e professor Edgar por me ensinar sobre a importância da disciplina e da transparência nas relações profissionais.

Agradeço à minha avó e professora Marina pelo despertar para o mundo espiritual.

Agradeço ao meu avô Nelson pelo despertar para a psicologia e o autoconhecimento.

Agradeço ao Paulo e à Fátima de Castro, avós MARAVILHOSOS para a Gigi.

Agradeço aos meus primos Estevam e Alexandre Almeida Prado, que me ajudaram em 2010 quando uma mão amiga era realmente necessária.

Agradeço aos amigos pela generosidade de lerem o manuscrito original e de me passarem seus valiosos feedbacks.

Agradeço à Judy Williamson e ao dr. J. B. Hill pelo carinho, amizade e amor à filosofia de Napoleon Hill.

Agradeço ao amado dr. Napoleon Hill e a Charles F. Haanel pelo legado de conhecimento que criou um marco no despertar da consciência da cocriação humana.

SUMÁRIO

Prefácio ──────────────────────── 19

Introdução ─────────────────────── 21

Capítulo 1 – Estatísticas não são regras ────── 31

Capítulo 2 – Entendendo a dança das duas mentes: consciente e subconsciente ──────────── 37
    Um órgão conservador ────────────── 39
    Será que o cérebro pe um bom amigo? ───── 40
    Entendendo a mente subconsciente ────── 41
    Inconsciente: uma mente sorrateira ────── 42

Capítulo 3 – Os quatro pilares do Método RFID ── 45
    Entendendo o Método RFID ────────── 47

Capítulo 4 – Reflexão: o R do Método RFID ──── 51
    Odeie o perfeccionismo, ame o erro ────── 54
    Sempre pergunte, nunca presuma ─────── 62
    Entendendo as quatro leis do espelho ───── 69
    Pessoas tóxicas: entenda como elas agem na sua vida ───────────────────── 73

A alienação emocional e a arte de dizer "não" —— 77
Na busca da excelência virtuosa —— 92
A chave mestra do livre-arbítrio —— 96
As sete áreas da sua vida estão em equilíbrio? —— 101
Valores, a fundação do nosso caráter —— 111

Capítulo 5 – Frequência: o F do Método RFID —— 119
Microvitórias e autoconfiança —— 123
Module uma frequência de sucesso por meio de alianças —— 127
Faça um detox digital —— 133
Quebre superstições e simbolismos para prosperar —— 140
Metacognição: monitore seus pensamentos —— 144
Ressignifique eventos —— 151
Aumentando a frequência pelo perdão e pelo autoperdão —— 154

Capítulo 6 – Imaginação: o I do Método RFID —— 163
Acessando o portal para todas as grandes conquistas —— 165
Métodos para acessar a frequência alfa do nosso cérebro —— 167
Formas de entrar no estado alfa —— 168
Seja o roteirista do seu próprio filme —— 170
Bênçãos exponenciais: o poder da meditação e da oração em grupo —— 188
Praticando a gratidão —— 190

Capítulo 7 – Determinação: o D do Método RFID —— 195
   Intuição *versus* razão: como usar ———————— 197
   Pague o preço e rasgue o plano B ———————— 205
   Seja 100% responsável por seus resultados ——— 207
   Planos falham, a perseverança não ——————— 210
   Aprenda com o sucesso e o fracasso alheio ——— 212

Capítulo 8 – Cortando o vínculo com o "eu-passado" para um melhor "eu-futuro" ————————————— 217

Capítulo 9 – Desfrutando da jornada ———————— 221

PREFÁCIO

Àqueles que se deparam com esta obra, permitam-me ofertar-lhes algumas palavras:

Em *A Frequência do Sucesso*, encontramos mais do que um relato de triunfos e desafios de um executivo que transcendeu a esfera corporativa para se tornar um empreendedor notável. É uma viagem corajosa por corações e mentes, tão implacável quanto inspiradora, pavimentada com os destroços de contratempos pessoais e os tijolos da resiliência.

Este livro é dedicado a todos os lutadores da vida; às almas destemidas que, apesar das adversidades do destino, nunca deixaram de acreditar na força de sua própria vontade. Conforme os leitores se envolvem na narrativa do nosso protagonista, eles descobrirão como o autor deu forma à sua empresa usando as fundações de Reflexão, Frequência, Imaginação e Determinação — as pedras angulares de sua filosofia.

Que a leitura deste livro seja mais do que um passatempo ou uma fonte de inspiração — que seja um espelho através do qual vocês possam ver refletidas as qualidades inefáveis que residem em todos nós. Que a Reflexão aprofunde sua compreensão, que a Frequência alinhe suas ações com seus objetivos, que a Imaginação ilumine seus caminhos inexplorados e que a Determinação impulsione vocês em direção a horizontes de sucesso inimagináveis.

Este é um monumento à tenacidade humana, uma celebração do espírito do empreendedor e um guia para aqueles que se atrevem a sintonizar suas vidas na frequência do sucesso.

Com admiração e respeito,

Ricardo Collazo
Head de Vendas e Marketing na Epson Corporation

INTRODUÇÃO

O inverno de 2009 havia sido um dos mais frios de Nova York desde 1999. Em meio a uma grande nevasca, eu aterrissava no aeroporto John F. Kennedy para participar da convenção anual na matriz da empresa onde trabalhava. Como diretor comercial de uma multinacional, eu me sentia feliz em saber que os resultados da filial do Brasil tinham sido excepcionais. Aos olhos de amigos e colegas de trabalho, eu tinha chegado ao auge da minha carreira, vivia uma fase de ouro tanto na vida profissional quanto na pessoal. No entanto, grandes mudanças estavam por acontecer.

O último ano nessa multinacional havia sido de grandes desafios, mas todas as metas haviam sido batidas e era hora de comemorar no gelado inverno nova-iorquino. Durante a convenção, minhas conquistas foram celebradas por colegas e os planos foram traçados para 2009, que recém-começara. Apesar de me sentir orgulhoso, eu pensava constantemente na possibilidade de empreender e criar meu próprio negócio. Mesmo desfrutando de um salário alto e de mordomias nas viagens, minha inquietude não parava de crescer.

Após os dois dias de conferência, tivemos um dia de confraternização e passeios. Fomos ao edifício Empire State, visitamos o Central Park, fizemos compras e jantamos para celebrar os resultados de 2008. No dia seguinte, enquanto preparava as malas para voltar ao Brasil, minha intuição me dizia que era hora de tomar uma atitude.

Eu não apenas queria começar meu próprio negócio como havia escolhido a cidade de João Pessoa, na Paraíba, para me instalar. Sair de São Paulo para morar a mais de 2 mil quilômetros de distância parecia bastante ousado, embora minha decisão já houvesse sido tomada. Sempre fui decidido e acreditava profundamente no meu poder de cocriar situações favoráveis.

Após a leitura do livro *Quem pensa enriquece*, de Napoleon Hill, minha mente ficara ainda mais focada e, até certo ponto, obstinada por meus desejos de alma. Uma frase do autor que me marcou profundamente foi: "Tudo o que a mente humana pode conceber, ela pode conquistar". Além disso, alguns trechos bíblicos sempre me tocaram, como "tudo coopera para o bem daqueles que amam a Deus..." (Romanos 8, 28) e, principalmente, "Pedi, e dar-se-vos-á; buscai e achareis; batei, e abrir-se-vos-á" (Mateus 7, 7-11). Mesmo não sendo um cristão religioso, eu sempre tive uma fé gigante no Criador e sabia que as montanhas internas e externas podiam ser superadas.

Meus planos para a mudança de carreira avançavam de forma rápida, e, em conversa informal com o CFO da filial do Brasil, Rubens Regges, sondei a possibilidade de distribuir os produtos da companhia onde trabalhava na capital paraibana, onde eu estabeleceria minha própria empresa. Ele disse que me apoiaria, desde que tivesse um tempo para encontrar um substituto para ocupar o meu cargo. BINGO. Essa era uma etapa importante para os passos que viriam a seguir.

Apesar de tudo estar se encaixando, havia uma peça-chave para que o quebra-cabeça estivesse resolvido: a aprovação de minha namorada, Daniela. Embora tudo parecesse fluir com a decisão tomada, de nada adiantariam as intenções se ela não "comprasse" a ideia. Eu tinha medo de sua resposta e, da mesma forma que havia sondado meu CFO, perguntei a ela, em um jantar romântico: "Como você vê a ideia de morar perto da praia, em uma pequena capital do Nordeste?".

A resposta "Gosto muito da ideia" me surpreendeu, então logo contei a ela todos os planos que eu tinha. Nesse meio-tempo, tive uma ideia: pedi-la em casamento após levá-la para realizar seu sonho, que era pular de paraquedas. Ela havia manifestado esse desejo inúmeras vezes, mas eu, com medo de altura, nunca pudera concordar com o que parecia algo insano.

Como todas as novas mudanças exigiam quebras de paradigma, me pareceu uma boa ideia aceitar esse desafio. Sem contar a ela, fui à cidade de Boituva, onde se realizam os saltos, e expliquei à dona da empresa Sky Company o que pretendia fazer. Contei que seria uma surpresa, e ela me ajudou com ideias para tornar o evento ainda mais perfeito, orquestrando o momento da entrega das alianças e tudo o mais.

Para manter o sigilo, no dia planejado para o salto falei para Daniela que iríamos a um churrasco na casa de amigos. Na estrada para o "churrasco dos amigos", ela viu as placas para Boituva e comentou: "Amor, é aqui que fazem os saltos de paraquedas". Eu me fingi de surpreso e disse: "Bom, vamos aproveitar e ver como funcionam essas escolas de paraquedismo para que no futuro você possa saltar".

Ao chegarmos à Sky Company, a proprietária disse: "Daniel e Daniela, vocês estão preparados para o salto?". Daniela não entendeu nada por alguns segundos até que, finalmente, se deu conta de que eu havia preparado tudo para nós dois saltarmos.

Seu rosto se iluminou. Ela mal podia acreditar que eu havia tomado essa iniciativa. Depois de um breve treinamento, entramos em um avião que mais parecia uma lata de sardinha com rebites por todos os lados. Confesso que o barulho do pequeno monomotor me aterrorizava e me fazia questionar se havia tomado a decisão certa. Quando me dei conta, já estávamos voando acima de 8 mil pés e um dos instrutores abriu a porta do avião e disse: "Levantem-se devagar e preparem-se para saltar quando seu instrutor avisar".

UAU, um avião com a porta aberta foi uma das cenas mais estranhas que já vi na minha vida. Fui um dos primeiros a saltar, já que precisava chegar primeiro ao solo, pegar a champanhe e o anel para fazer o pedido. Minha aterrisagem foi tragicômica: caí de cara na grama, totalmente descoordenado, apesar dos esforços do meu instrutor para aterrissarmos de pé. Depois de recuperar os sentidos, o instrutor me acelerou para que eu preparasse o champanhe e o anel.

Dois minutos depois, Daniela aterrissou com total maestria e eu me vi de joelhos fazendo o pedido de casamento. Apesar de ter certeza de seu amor, foi reconfortante ouvir um "sim" como resposta, tendo como testemunhas as câmeras de todos os instrutores que nos rodeavam.

Antes de me apaixonar por Daniela, eu havia boicotado emocionalmente meus relacionamentos, e, apesar de ser visto por amigos como um Don Juan, por dentro eu estava ferido. O que poucos sabem até hoje é que minha mãe e minha irmã faleceram de forma trágica quando eu tinha quinze anos e que, inconscientemente, eu "fugia" de relacionamentos por medo do abandono. A verdade é que o salto de paraquedas também marcava outra quebra de paradigma: viver um grande amor sem medo.

Os dias após o pedido continuavam fluindo bem, como se conspirando para a realização de todas as maravilhosas mudanças arquitetadas. Os detalhes já estavam programados e eu já havia conseguido uma casa espetacular na Paraíba para o nosso futuro. Os detalhes da nova empresa em João Pessoa estavam todos resolvidos e eu me mudaria um pouco antes da Daniela para organizar a empresa. Tudo fluía de vento em popa e todos os detalhes pareciam se resolver magicamente, inclusive a venda de meus dois apartamentos em São Paulo para me capitalizar.

Às vésperas de dizer adeus a São Paulo e me instalar definitivamente na nova casa, resolvi fazer uma viagem de carro a Paraty com Daniela. Como não haveria um casamento formal, foi uma espécie de lua de mel, antes de todas as mudanças que estavam por vir. A viagem foi maravilhosa, e pudemos desfrutar de lindos momentos em Angra dos Reis e Paraty. Durante a volta, no entanto, Daniela se queixou de enjoos. Certamente haveria sido devido às curvas da estrada ou algum mal-estar; foi o que me passou pela cabeça. Chegando em São Paulo, no entanto, Daniela pediu que parássemos em uma farmácia e comprássemos um teste de gravidez. Me pareceu um exagero, mas concordei para acalmá-la. Foi então que a aventura ganhou uma nova dinâmica: a chegada de um bebê. Celebramos efusivamente as boas novas, embora não estivessem nos nossos planos.

Já instalados em João Pessoa, enquanto minha esposa cuidava da decoração do quarto da bebê, eu preparava um lindo jardim com bambuzais e um muro cercado de helicônias para receber minha filha. Nas noites cálidas, jantávamos ao ar livre olhando as estrelas, enquanto especulávamos a quem "puxaria" a bela Giovanna, que estava por chegar.

Quando tudo parecia estar perfeitamente orquestrado para a chegada da bebê, um ultrassom levantou um sinal de alerta, mostrando que a pequena Giovanna não estava ganhando o peso esperado. Daniela já estava no sexto mês de gravidez, e a notícia deixou a todos preocupados. Segundo a orientação médica, a dieta da mãe deveria ser reforçada e os ultrassons passariam a ser semanais. Eu fazia minha parte para manter a empresa em funcionamento e reforçava a dieta da Daniela e da Giovanna com muito inhame, frutas, proteínas e verduras.

Apesar de todos os esforços, no sétimo mês a médica demonstrou uma visível preocupação e sugeriu a antecipação da cesárea para o começo do oitavo mês. A cesárea foi agendada e, embora preocupados, seguimos radiantes com a chegada de nossa esperada filha.

Giovanna Vittoria nasceu dia 2 de março de 2010, e, apesar de ter apenas 2,2 quilos, não demonstrou nenhum problema de saúde evidente, o que nos acalmou. No entanto, Giovanna apresentou problemas de apneia (parada respiratória) e não foi para o quarto com a Daniela, como é de costume. Após três semanas de inúmeros exames e uma melhora no quadro de apneias, finalmente fomos para casa com a nossa filha. Era um final feliz para todo aquele sufoco. Daniela, meus maravilhosos sogros e eu desfrutamos de enorme alegria, curtindo cada minuto desse primeiro dia em casa. No dia seguinte, no entanto, a pequena Giovanna teve uma forte parada respiratória e fomos obrigados a interná-la novamente.

Os médicos faziam inúmeros exames sem conseguir chegar a um diagnóstico que justificasse o quadro severo de apneias. Decidimos solicitar o auxílio de um famoso PhD em pediatria da região para investigar melhor o caso.

Já na primeira visita do médico, seu olhar se fixou nos dedos dos pés e das mãos de Giovanna. Dois dedos dos pezinhos pareciam estar levemente colados, e no dedo mindinho da mão havia apenas duas divisões, e não três. De acordo com a visão do corpo médico do hospital, tratava-se de uma pequeníssima má-formação. No entanto, o pediatra contratado solicitou exames mais minuciosos de DNA e, sem dar maiores detalhes, mencionou a possibilidade de ser alguma alteração genética.

Já vivendo no hospital Unimed de João Pessoa havia alguns meses, recebemos o diagnóstico do dr. João: "Infelizmente, é síndrome de Edwards, e há pouquíssima chance que ela passe do sexto mês de vida". Questionamos se haveria a possibilidade de algum tratamento em centros médicos mais avançados em São Paulo, mas o pediatra ponderou sobre o grande risco no translado e deixou subentendido que não havia muito o que fazer. Naquela mesma noite, apesar da sentença proferida, Daniela e eu conversamos brevemente e decidimos: "Vamos tentar um hospital em São Paulo".

Uma semana depois, ao darmos entrada no Hospital da Criança do Hospital das Clínicas de São Paulo, logo recebemos as "boas-vindas" da pediatra de plantão: "Ah, é síndrome de Edwards, vocês sabem que não há muito o que fazer e precisamos estar prontos para intubá-la a qualquer momento". Em completa exaustão física e emocional, olhei nos olhos da médica e disse: "Doutora, do prognóstico dessa doença eu sei mais do que todo o corpo médico do hospital. A única coisa que lhe peço é que faça o seu melhor; esqueça o que os livros dizem e faça o seu melhor".

Depois de alguns dias no Hospital das Clínicas, conhecemos o chefe da pediatria, um médico de sorriso cativante, chamado dr. Tozze. Diferentemente de muitos profissionais que havíamos encontrado, ele sorriu e disse: "Ela realmente tem todos os genes comprometidos pela síndrome, mas está lutando bravamente. Começaremos a ministrar cafeína para acelerar um pouco o sistema nervoso dela e diminuir as apneias, esperando que o sistema dela amadureça em breve". Era tudo o que queríamos ouvir: a luta e a perseverança nos tinham trazido uma esperança.

Em meio a toda essa turbulência, minha empresa em João Pessoa faliu pouco depois de um ano de sua abertura. Financeiramente as coisas estavam se tornando cada vez mais críticas. Além do desgaste de ficar no hospital com minha filha e com Daniela, eu me vi sem uma fonte de renda, com dívidas que passavam de 100 mil dólares e morando na casa dos meus queridos sogros, Paulo e Fátima.

Apesar de todos os desafios, depois de quase um ano internada no Hospital das Clínicas, Giovanna voltou para casa conosco para nunca mais retornar ao hospital. Desde esse período ela nunca mais foi internada.

Começo este livro com essa história pessoal porque, além da fé, foi preciso muita garra e ímpeto para desafiar os especialistas e as estatísticas que diziam "não há o que fazer". Ainda sobre a fé, foi impressionante a corrente de orações para Giovanna: amigos e familiares das mais diversas religiões vibrando amor e orando por sua saúde. Tenho absoluta certeza de que essa frequência de amor emitida por parentes e amigos fez toda a diferença.

Quando financeiramente tudo parecia estar desmoronando, recebi uma ligação do vice-presidente da Mitsubishi Chemical para uma entrevista. Jantei com o meu ex-chefe e atual amigo Thomas Spiker e em menos de duas semanas estava em Los Angeles, na Califórnia, para cuidar da minha contratação. Trabalhei nessa grande empresa por alguns anos antes de, novamente, resolver empreender do zero. Em 2024, minha empresa, a DMZ Connection, comemorou dez anos e nossos produtos já estão em mais de dez países, tendo entre seus clientes nomes como Renault, Scania, General Electric, HP, Ricoh, Epson, Santander, Banco Central, Sodexo e Toyota.

É maravilhoso ver como opera a inteligência divina ou o Criador, se você preferir. A escrita deste livro veio do desejo de dividir os ensinamentos que adquiri e coloquei em prática enquanto vivi os desafios com a saúde da Gigi e na minha vida profissional. Depois de uma longa jornada, consegui transformar minha mentalidade de "vítima" em um *mindset* campeão e indestrutível. Existe uma frequência que todos nós podemos acessar e que possibilita resultados que vão além do que a mente limitada pode prever ou acreditar.

Ao longo dessa jornada, vi meus resultados crescerem grandemente e milagres acontecerem na minha vida e na vida daqueles ao meu redor. Alguns podem dizer que são milagres, mas nada mais são do que a utilização do nosso potencial latente para grandes realizações. Ao longo do livro entregarei várias ferramentas para que você transforme seu potencial nato em realidade e turbine seus resultados. Este livro tem como propósito relembrar você desse potencial para grandes realizações em sua vida. Se você já tem ótimos resultados, com certeza chegará ainda mais longe.

O Método RFID, que você conhecerá nas páginas a seguir, se tornou um verdadeiro manual de como viver com mais fé, equilíbrio, prosperidade e, finalmente, de como superar todos os desafios que a vida nos apresenta. Há alguns anos utilizo esse método com grande sucesso quando sou colocado à prova nesta jornada chamada vida. Você também poderá recorrer a ele para entrar numa frequência de sucesso e cocriar o "eu-futuro" que deseja.

Embora o Método RFID tenha sido obtido por reflexão própria e pelo meu "doutorado" na escola da vida, há vários autores que tiveram uma contribuição importantíssima nesse conhecimento. Os ensinamentos que obtive deles foram uma ponte para que este livro deixasse de ser um sonho e se tornasse uma realidade. Posso dizer, portanto, que nestas páginas há princípios pensados por homens e mulheres do último século e alguns que datam de mais de três milênios atrás. Entre os autores, empresários e filósofos que mais me inspiram estão Platão, Aristóteles, Napoleon Hill, Henry Ford, James Allen, Wallace D. Wattles, Abraham Lincoln, Martin Luther King Jr., Charles F. Haanel, Thomas Edison, Stephen Covey, Og Mandino, Andrew Carnegie, Sigmund Freud, Jacques Lacan, Don Miguel Ruiz, Robert T. Kiyosaki, Sharon Lechter, Peter Drucker, John C. Maxwell, Helen Keller, Marie Curie, Muhammad Ali, Mahatma Gandhi, entre outros. Dentre todos, a maior inspiração foi Napoleon Hill, sem sombra de dúvida.

Meu compromisso aqui é trazer reflexões e inspirações para que você possa acelerar ainda mais o seu crescimento pessoal, emocional, profissional e financeiro. O potencial humano é gigantesco, e vejo que o mundo precisa de líderes fortes que dominem o seu próprio emocional e criem oportunidades para si e para as futuras gerações. Se você acredita que ainda tem mais para entregar ao mundo, este livro é para você.

Boa leitura e prática!

Daniel Mazzeu

CAPÍTULO 1

ESTATÍSTICAS NÃO SÃO REGRAS

Cinquenta por cento das estatísticas são incompletas e tendenciosas; as outras 50% existem para serem superadas.

Daniel Mazzeu

Ao longo da nossa vida, é comum ouvirmos estatísticas de que determinado número de empresas abre falência antes de cinco anos; que esta ou aquela ideia não funciona por contrariar a lógica, que fulano está fadado ao insucesso, que somos limitados pelas nossas circunstâncias, que o futuro repete o passado e por aí vai.

Fomos programados para respeitar e acatar sem grandes questionamentos o que dizem e decretam os especialistas e as autoridades em determinados assuntos. Isso faz parte de um processo de socialização que os nossos pais, as instituições religiosas, as mídias sociais e a sociedade nos ensinam. No entanto, viver sem questionar essas "verdades" limita de forma gigantesca o nosso desenvolvimento pessoal.

De fato, para conviver em sociedade, é necessário ter diretrizes e respeitar algumas normas estabelecidas; do contrário, haveria um caos. Imagine, por exemplo, se eu decidisse dirigir meu carro na contramão, sob a argumentação de que as leis de trânsito são arbitrárias e que não devem ser acatadas. Isso poderia gerar acidentes e colocar vidas em risco. Mesmo em um exemplo de menor consequência: imagine se seu filho adolescente resolvesse questionar a sociedade e andar nu pelas ruas, desafiando os tabus de uma "sociedade reacionária". Em resumo, existem algumas diretrizes explícitas ou implícitas na sociedade que têm um fim bastante prático e razoável, pois ajudam a manter o bom convívio entre as pessoas.

No entanto, há outras tantas regras que assumimos como verdades inquestionáveis que precisam, sim, ser questionadas. Assim como ocorreu no caso da minha filha Giovanna: questionar a sentença proferida por alguns médicos permitiu que ela superasse as expectativas e quebrasse as "estatísticas".

Durante os primeiros cinco anos de vida, em particular, nosso cérebro é uma esponja com a qual absorvemos e processamos informações em uma velocidade espantosa. Fazendo uma analogia com a tecnologia, é nessa fase que "programas" pouco produtivos são instalados em nossa mente pelos nossos pais, figuras religiosas, parentes, figuras políticas e a mídia em geral. Absorvemos esses conceitos em um momento em que ainda não temos discernimento para avaliar se os tais programas instalados são bons ou não. Quando esses downloads são realizados em nosso inconsciente, a mente consciente não utiliza nenhum filtro ou antivírus para impedir a gravação de programas negativos. Como a mente consciente ainda não tem grande discernimento e o poder de filtrar, interiorizamos valores sem qualquer questionamento.

O problema é a mentalidade que muitos de nós desenvolvemos em função desse processo de socialização. Tendemos a endeusar especialistas, líderes religiosos, celebridades, médicos, políticos, entre outras figuras de destaque ou de poder. Ao endeusar uma pessoa, nós a colocamos em um pedestal imaginário, uma criação individual ou coletiva, que não tem um fundamento real. Além disso, damos a essa pessoa um "cheque em branco" por se tratar de uma sumidade, deixando de questionar com a nossa própria razão se as práticas, conselhos ou teorias dessa pessoa estão corretas ou não. Ao idolatrar alguém, delegamos o nosso poder inalienável de discernir por meio do uso da nossa razão e intuição. Isso nos faz viver a nossa realidade dentro das regras preestabelecidas, sem vivenciar o nosso verdadeiro potencial.

Agora vamos acelerar até o futuro daquela criança que absorveu crenças limitantes durante a infância. O que acontece em sua vida adulta ainda é reflexo desses programas, que rodam ininterruptamente em seu subconsciente. As limitações que interiorizamos durante o processo de socialização tendem a atrofiar o nosso desenvolvimento pessoal, levando-nos a acreditar que estamos limitados pelo nosso passado, pela cor da nossa pele, pela nossa condição socioeconômica, pelos pais que temos etc. Salvo raríssimos casos, a maioria de nós baixou programas e mensagens que são um atraso de vida, que servem apenas para limitar o nosso poder de cocriar a nossa própria realidade.

Não se trata de culpar aqueles que instalaram em nós mensagens e valores negativos, pois os nossos pais, tutores, professores e outras pessoas fizeram o que podiam com o conhecimento que tinham naquele momento. Digamos que eles eram "programadores amadores", ou seja, não sabiam exatamente quais seriam os códigos e downloads apropriados.

Para melhor exemplificar, listei a seguir algumas "verdades" e reflexões sobre como essas mensagens pouco produtivas costumam bloquear o nosso potencial. Tome um minuto para avaliar se estas ou outras crenças limitantes estão presentes na sua visão de mundo:

1. **Dinheiro não nasce em árvore.**
   Pergunte a um agricultor e verá que ele discorda radicalmente.
2. **Mais vale o velho conhecido que o novo por conhecer.**
   Quem pensa assim está fadado a uma vida de pouco progresso e muito arrependimento.
3. **O mundo é dos jovens.**
   Não, o mundo é de quem se sente jovem. O coronel Sander (KFC), Ray Kroc (McDonald's), Roberto Marinho (Globo) e tantos outros criaram seus impérios após os cinquenta anos.
4. **Sem um diploma é muito difícil crescer.**
   Um diploma abre portas, mas não garante crescimento. O crescimento é fruto de perseverança, pois, empresários como Bill Gates, Ray Kroc, Mark Zuckerberg, Alexandre Costa entre tantos outros não se formaram.
5. **Os políticos são corruptos e não ajudam o povo.**
   De fato, muitos deles são corruptos. Mas isso não impediu que milhares de pessoas de todas as classes sociais prosperassem de forma honesta. Se você for depender do governo para prosperar, melhor já desistir.
6. **A corrida pelo sucesso é desigual, porque os ricos têm grande vantagem.**
   Sempre tiveram e sempre terão. Mesmo assim, quebre o ciclo da pobreza e mude a história para você

e para os seus filhos, e, se possível, ensine outros a prosperarem como você.

7. **Ser empresário é duro, paga-se muito imposto.**
Nada é fácil, ser funcionário também não é. A estabilidade não existe, nós a criamos por meio de nossas atitudes e ações diárias. Espero que você quintuplique o valor de impostos que paga, pois isso será um sinal de que sua empresa prosperou.

8. **Se meus pais tivessem me apoiado, tudo seria diferente.**
Seus pais fizeram o que puderam, agora é com você. Enquanto culpar terceiros, você estará delegando seu poder de mudança a outros e será uma vítima do "destino".

9. **O dinheiro está escasso.**
O dinheiro está circulando por todos os lados e há sempre oportunidades. Enquanto uns enxergam a escassez, outros enxergam oportunidades. Mude seu *mindset* e crie oportunidades.

10. **Deus ama os pobres.**
Deus ama a todos, sem distinção. Ser rico não quer dizer ser desonesto, e ser pobre não quer dizer ser virtuoso. Entre os dois, escolha ser rico e ajudar o próximo, pois na pobreza pouco se pode fazer além da bênção da oração.

Para desinstalar os programas de qualidade duvidosa que nos limitam, precisamos travar uma batalha contra o senso comum e as crenças negativas internalizadas. Como resultado de não termos filtrado as mensagens que recebemos em nossa infância, muitos de nós lutamos contra a procrastinação, contra o desânimo, contra o negativismo, contra a inveja, contra a depressão, contra a ansiedade, contra o vício de se comparar, contra a covardia, contra a raiva, contra o medo, contra a timidez e assim vai. A lista é enorme. Há uma frase de um autor anônimo que retrata justamente esse grande desafio: "A maior batalha que você terá que lutar é entre quem você é agora e quem deseja ser no futuro".

A grande virada de chave está, portanto, em nos fortalecermos internamente, pois, uma vez que as batalhas internas são vencidas, as "verdades" que tínhamos internalizado perdem força e dão espaço a uma nova percepção das nossas capacidades. Quando nos guiamos por um interior mais coeso e harmonioso, baseado em nossos próprios valores, podemos reescrever a nossa programação interna e criar o "eu-futuro" que desejamos.

Ao utilizar do Método RFID, que em breve conhecerá, você não só vai aprender a criar mensagens positivas em seu subconsciente; criará também uma mente consciente mais criteriosa e fortalecida. O seu novo consciente será como um antivírus que detectará as mensagens negativas do mundo e não permitirá que essas "verdades externas" sejam gravadas no seu subconsciente. Ao longo do livro também falaremos de como criar um propósito e objetivos que estejam alinhados com os seus valores pessoais.

CAPÍTULO 2

ENTENDENDO A DANÇA DAS DUAS MENTES: CONSCIENTE E SUBCONSCIENTE

> *"Até você tornar o seu inconsciente consciente, o inconsciente irá dirigir a sua vida e você acreditará que é o destino."*
>
> Carl Jung, psiquiatra e psicoterapeuta, fundador da psicologia analítica

O psiquiatra Sigmund Freud foi um dos pioneiros a trazer à tona o conceito de que a mente é dividida em duas partes: consciente e inconsciente (ou subconsciente). Embora hoje as teorias de Freud tenham perdido força e dado espaço à psicologia cognitivo-comportamental, é um desatino desvalorizar o seu brilhantismo. Por sinal, meu avô paterno, Nelson Mazzeu, foi um dos escritores que começaram a divulgação do trabalho de Freud no Brasil, provavelmente umas das minhas influências na busca de maior entendimento da mente humana e da alta performance.

Segundo Freud, a mente consciente é aquela por meio da qual interagimos com o mundo externo e, parcialmente, com o mundo interno. Nela está contida a identidade que chamamos de "eu", que inclui toda a nossa percepção e o entendimento de quem somos, sendo também chamado de ego. É por meio da mente consciente que fazemos uso da imaginação, o grande prelúdio da criação. Quando somos empoderados de certos conhecimentos, a mente consciente nos ajuda a traçar objetivos e cocriar o nosso próprio futuro.

Já a mente subconsciente é um reservatório invisível e de difícil acesso na qual estão gravadas todas as memórias e sentimentos desde nossa infância, inclusive as intrauterinas. É também na mente subconsciente que um programa perfeito está 24 horas em operação, mantendo todas as funções do nosso corpo em pleno funcionamento. Você não precisa se lembrar de respirar, não precisa dizer ao seu coração para que ele bombeie sangue e tampouco precisa mandar o seu rim filtrar o seu sangue. Tudo está sendo orquestrado de forma magistral.

Freud usou uma analogia para mostrar que a mente consciente era apenas a ponta do iceberg (o que está fora da água), enquanto a parte predominante era a mente inconsciente (o que fica dentro da água).

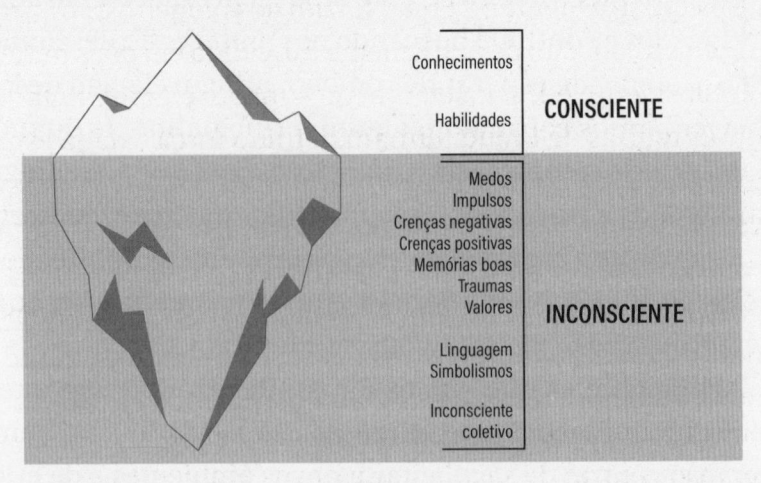

Figura 1

UM ÓRGÃO CONSERVADOR

O cérebro, ao longo dos milênios, se desenvolveu como um órgão cuja premissa é economizar energia e minimizar riscos para a sobrevivência da espécie. O desenvolvimento do lobo frontal do cérebro trouxe grandes conquistas para nós, incluindo as técnicas da agricultura, que permitiram às tribos nômades se fixar e estabelecer povoados. Esses mesmos povoados, ao longo de milênios, se tornaram as grandes cidades de hoje.

Depois da agricultura, inventamos o motor a vapor, criamos a geração de energia elétrica, desenhamos linhas de produção e dominamos a gravidade com o avião. Desde então, o mundo começou a dar saltos imensos a caminho do que hoje chamamos de sociedade moderna. Finalmente, a internet, os smartphones e a inteligência artificial vêm transformando ainda mais o modo como nos comunicamos e interagimos.

Mas, apesar do grande desenvolvimento tecnológico de que desfrutamos hoje, o cérebro ainda tem aspectos bastante antiquados e continua buscando nos proteger do desconhecido. Como é de esperar de um bom amigo, ele não deseja que tenhamos sofrimento algum, principalmente quando reconhece eventos parecidos com os que no passado geraram algum tipo de dor, medo, vergonha ou desconforto. Apesar do seu gigantesco potencial de se expandir pela neuroplasticidade e de ser um grande aliado na criação, o cérebro ainda é bastante conservador e covarde.

Para aqueles que não estão familiarizados com o termo, a neuroplasticidade se refere à capacidade do sistema nervoso central de se adaptar a novos ambientes e de criar novos caminhos neurais e se expandir. Em resumo, o cérebro (o sistema nervoso como um todo) é um órgão que consegue se expandir e se desenvolver mesmo na fase adulta ou no caso de lesões cerebrais em determinadas áreas.

SERÁ QUE O CÉREBRO É UM BOM AMIGO?

Sim e não, pois, se você se acovardar a cada alerta de desconforto que o seu cérebro lhe enviar, viverá na zona de conforto, um lugar sem crescimento, cheio de derrotismo e que leva as pessoas à estagnação. Esse é essencialmente o problema de 90% das pessoas, pois elas acatam as "recomendações" do cérebro e freiam a si mesmas diante dos primeiros obstáculos, preferindo viver no comodismo. Manter-se na zona de conforto fará você cumprir apenas uma ínfima parte do seu potencial e, no final da vida, se perguntar o que haveria acontecido "se tivesse feito determinadas coisas e tentado caminhos desconhecidos".

Então, se o cérebro é tão conservador e tende a nos limitar de novas experiências, quando devemos escutá-lo? Digamos, por exemplo, que você está em uma laje de vinte metros de altura sem um parapeito e o seu cérebro mande um alerta: "Cuidado, fique longe!". Bem, nesse caso, vale muito a pena ouvir o seu cérebro, pois trata-se de um perigo real.

Entende a diferença de quando um medo pode ser um grande aliado e quando é apenas a mensagem de um órgão cuja função primordial é mantê-lo sem desconforto? O cérebro é um computador que, se não utilizarmos conscientemente, entra no modo de economia de energia. É como se você tivesse o Macbook Pro mais poderoso, mas usasse apenas para mandar e receber e-mails e, pior ainda, clicasse em e-mails com vírus.

Imagine que você tenha traçado um objetivo audacioso para sua vida. É bastante provável que o seu cérebro traga inúmeras "razões" para que você não se aventure nesse objetivo. Em muitos dos casos, mesmo depois de você encarar as crenças limitantes e de ter "calibrado os pneus" para sua jornada, você verá que o carro (seu cérebro) continua desbalanceado, puxando levemente para a direita em direção ao acostamento. Ou seja, as crenças negativas instaladas no nosso inconsciente vão continuar com suas tentativas de nos tirar da rota durante boa parte do percurso para evitar o desconforto ou perigo. No entanto, depois de começar a trajetória, não tem volta. Como todo bom motorista sabe, bastará você compensar o desbalanceamento do carro puxando o volante levemente para a esquerda e seguir viagem. Sabendo ultrapassar os desvios das crenças limitantes, em breve você chegará ao seu destino. No Método RFID você aprenderá que está no comando do seu veículo, e não o contrário.

ENTENDENDO A MENTE SUBCONSCIENTE

Apesar de a mente subconsciente ser como um HD que grava todas as experiências e memórias, ela também é uma memória RAM poderosíssima que processa todos os programas para a sobrevivência do seu corpo físico. Para que as memórias sejam gravadas em arquivos de fácil acesso, é necessário que haja uma grande emoção associada a essa memória. É por essa razão que lembramos de letras inteiras de músicas da nossa infância, guardamos memórias de aniversários que nos marcaram, entre outras datas que tiveram grande impacto na nossa vida. Esses arquivos com os quais associamos grandes memórias afetivas e emocionais são mais facilmente acionados pela nossa mente consciente. Com certeza você se lembra dos sentimentos e de onde estava quando deu o seu primeiro beijo na adolescência.

Até agora tudo parece perfeito, exceto que os grandes traumas, mensagens negativas, medos, vergonhas, bullyings e desconfortos também ficam gravados na mente subconsciente e criam o que os psicólogos chamam de crenças limitantes. Podemos dizer que essas memórias associadas a traumas gravam memórias mais profundas que, na verdade, se tornam trilhas neuronais em nosso cérebro. Essas memórias são links sobressalentes que, quando menos esperamos, trazem todo o arquivo gravado desse grande disco de memória chamado mente subconsciente. Se a função do nosso cérebro é nos proteger, nada mais justo que sejam emitidos sinais de alerta e de desconforto quando há um possível risco de situações desagradáveis se repetirem.

INCONSCIENTE: UMA MENTE SORRATEIRA

O grande problema da mente subconsciente é que ela não avisa exatamente do que se trata quando envia flashes e dispara conexões neurais de medo ou de desconforto à mente consciente e ao seu corpo físico. A mente subconsciente não diz: "Olha, Daniel, você está com medo de se envolver emocionalmente porque você passou pela perda da sua mãe e da sua irmã, desenvolvendo um medo de abandono. Mas fique tranquilo porque o seu sofrimento do passado não significa que sofrerá no relacionamento atual". Nada disso! A mente subconsciente simplesmente manda um alerta eletroquímico ao seu cérebro, que, em contrapartida, se transforma numa sensação de desconforto no corpo.

Há um ditado popular que, de certa forma, exprime bem o funcionamento do subconsciente: "Cachorro mordido por cobra tem medo de linguiça". É precisamente isso: o cérebro cria associações e, ao perceber que você pode sofrer com algo supostamente "negativo", dispara um alerta que varia em intensidade. Esse alerta pode gerar um pequeno desconforto ou pode ser um disparo gigantesco de adrenalina e cortisol no seu sistema nervoso, criando o que os psicólogos chamam de estado de "luta ou fuga". Em casos extremos, esse alerta subconsciente gera o que chamamos de ataque de pânico.

Seja como for, precisamos estar cientes de que muitos desses alarmes podem nos impedir de prosseguir com os nossos planos, mesmo que eles sejam para o nosso crescimento. A pergunta-chave que sempre nos devemos fazer nesses casos é: será que esses alarmes eletroquímicos estão realmente nos protegendo ou estão apenas criando limitações desnecessárias?

Um dos grandes desafios é saber quais são essas memórias negativas e traumas gravados para que possamos "dialogar" com eles, ressignificá-los (mudar seu significado) ou dessensibilizá-los (eliminar ou diminuir o disparo da carga eletroquímica negativa). Como disse o psiquiatra Carl Jung, precisamos entender o nosso inconsciente para que ele não determine a nossa vida sem nos darmos conta. Algumas dessas técnicas para trazer o subconsciente à tona serão abordadas no Método RFID.

CAPÍTULO 3

OS QUATRO PILARES DO MÉTODO RFID

"Se você quiser entender o universo, pense em energia, frequência e vibração."

Nikola Tesla

A maioria de nós julga o próprio potencial com base nos resultados que acumulou até o presente. No entanto, o resultado que temos hoje é fruto de nossos pensamentos e ações do passado. Muitas vezes temos a impressão de que já atingimos o teto de nossa capacidade ou que as oportunidades estão "se limitando" por questão de idade, mercado, nível acadêmico, QI, condições financeiras, sociais etc. Nada disso é verdade. O potencial do seu "eu-futuro" é gigantesco, pois você tem um acúmulo de informações e experiências que podem ser traduzidas em grandes realizações. Esse fato será ainda mais verdadeiro quando você explorar melhor a sua mente e se sintonizar com a frequência de sucesso do Método RFID.

Partindo da premissa de que as pessoas evoluem e se desenvolvem, o potencial do nosso "eu-futuro" é muito maior do que o do nosso "eu-presente". Se por um lado temos a evolução natural que o tempo nos traz, o nosso "eu-presente" será potencializado quando desbloquearmos os nossos medos do passado e outras crenças limitantes. Ao eliminarmos ou minimizarmos esses medos e crenças, o nosso "eu-futuro" passa a ser exponencialmente maior.

As travas que temos em nosso subconsciente são os grandes sabotadores para o nosso sucesso, mas se você está lendo este livro é porque busca um crescimento em todas as áreas da sua vida. Não importa se vem de um lar humilde, se seus pais se separaram cedo, se enfrentou grandes traumas ou tem limitações físicas e emocionais. Todos esses "desafios" podem ser superados quando você desbloquear sua mente subconsciente, reprogramar algumas crenças e aprender técnicas para se sintonizar com uma frequência mais próspera, mais feliz e mais equilibrada.

Muitos autores já explanaram o tema da ciência do sucesso, principalmente Napoleon Hill, James Allen, Wallace Wattles e Charles F. Haanel. No entanto, no passado se falou muito sobre o "plantio" de sementes de sucesso no subconsciente, mas não havia extensa literatura sobre a "preparação da terra", ou seja, a limpeza do subconsciente ou inconsciente. A psicologia cognitivo-comportamental e outras técnicas inovadoras trouxeram novas ferramentas para que a reprogramação da mente subconsciente e o fortalecimento da mente consciente se tornassem mais fáceis e eficazes.

Mesmo com os avanços, porém, a grande realidade é que se tornar um cocriador de uma vida plena leva tempo e dedicação. A meu ver, existem saltos que podem ser alcançados em algumas áreas, mas manter uma frequência de sucesso é fruto de um processo de autoconhecimento e disciplina mental muito extenso. Tenha sempre receio de qualquer autor, coach, guru, padre ou mesmo pastor que prometa a sua transformação moral, financeira, emocional e espiritual num estalar de dedos. Isso é conversinha-fiada!

O Método RFID foi desenvolvido para entregar de forma estruturada os passos para você desenvolver todo o seu potencial. A sigla **RFID** do Método significa:

- R de **Reflexão**;
- F de **Frequência**;
- I de **Imaginação**;
- D de **Determinação**.

O significado original de RFID é identificação por radiofrequência, o que, de certa forma, está diretamente ligado ao tema do livro. O intuito do método é ajudar você a reconhecer qual é a frequência atual da sua mente e modulá-la para obter melhores resultados em sua vida.

ENTENDENDO O MÉTODO RFID

O primeiro pilar do Método RFID é a **Reflexão**, representada pela letra **R**. Nessa parte você será exposto a alguns temas que trarão uma reflexão profunda sobre a sua cosmovisão, ou seja, a sua visão de mundo. Em alguns desses temas você identificará que há ajustes a serem feitos na sua maneira de enxergar o mundo e entenderá que serão necessárias atualizações no seu "software" para que sua frequência vibracional melhore.

Nessa primeira parte do método, é importante que você esteja com o coração leve e a mente aberta para olhar para dentro de si. É natural discordar de uma colocação ou outra, mas peço gentilmente que não bloqueie o Método RFID se algum conceito estiver em desacordo com a sua visão atual. Ao longo do livro você verá que não se trata de ter "a palavra final", mas de lhe entregar ferramentas e conhecimentos milenares para que você desfrute de uma vida mais criativa, próspera, saudável e feliz.

O segundo pilar é o **F**, de **Frequência**. Ele parte do princípio de que todos nós, em nível subatômico, somos energia pura. O nosso cérebro, em particular, é uma grande torre de transmissão e recepção de energia, emitindo e recebendo sinais o tempo todo, estejamos cientes disso ou não. Você certamente já deve ter passado por alguma ocasião em que se lembrou de alguém e, pouco tempo depois, essa pessoa entrou em contato ou você recebeu uma notícia dela. Algumas pessoas pressentem quando um parente ou um filho está em apuros. Em suma, estamos todos conectados através de uma malha de frequências.

Fazendo uma analogia, nossa mente funciona de forma muito parecida com um celular: estamos sempre conectados a uma grande rede de frequências nas quais emitimos e recebemos sinais, possivelmente por meio do bóson de Higgs, chamado de "a partícula de Deus". O conceito sobre essa partícula elementar que permeia todo o universo foi proposto pelo físico britânico Peter Higgs e, posteriormente, validado por outros físicos. Existe, em todos nós, um campo eletromagnético que está vibrando sinais para o universo de forma ininterrupta. Quando aprendemos a emitir os sinais corretos de forma consciente, recebemos como retorno o sinal desejado. Todos nós já passamos por uma situação em que digitamos o telefone errado de alguém e, consequentemente, a ligação não se realiza. Ou seja, saber emitir o sinal correto na frequência correta é o pulo do gato.

Como toda frequência carrega informações, os sentimentos que nossos pensamentos produzem estão sendo enviados constantemente para um grande satélite, que eu chamo de universo-espelho, através de uma malha de partículas eletromagnéticas.

Muitos falam sobre a necessidade de emitir pensamentos de prosperidade, de amor etc. No entanto, isso é parcialmente incorreto, pois não emitimos pensamentos, e sim a vibração de nossos sentimentos. Essa grande torre de transmissão chamada mente emite informações na frequência dos *sentimentos* criados pelos nossos pensamentos, não meramente por pensamentos. Por essa razão, não adianta pensarmos em harmonia e prosperidade se nossos sentimentos estão em uma vibração de medo ou escassez. Na parte **F** do método aprenderemos a sincronizar pensamentos e sentimentos para que consigamos transmitir ao grande universo-espelho exatamente o que queremos realizar, entrando na **Frequência** com que desejamos interagir.

A letra **I** do Método RFID diz respeito à **Imaginação**. É por meio dela que podemos nos sintonizar com o Criador e sua potencialidade infinita para cocriar todas as realizações que desejarmos. Nesse segmento aprenderemos a projetar mentalmente para a inteligência infinita as sementes de prosperidade e plenitude que desejamos para nossa vida. Foi por intermédio de uma imaginação disciplinada que grandes mestres da cocriação, como Thomas Edison, Albert Einstein, Henry Ford, Nikola Tesla, Marie Curie, Oprah Winfrey, Elon Musk e tantos outros chegaram a suas grandes conquistas. É pelo uso da nossa imaginação que conseguimos nos conectar com as respostas de que precisamos para avançar no sentido da realização de nossos desejos e de nossa autorrealização como indivíduos.

Finalmente, a letra **D** do Método RFID diz respeito à **Determinação** que precisamos ter para conquistar os nossos objetivos. É comum os experts falarem da facilidade de manifestar nossas intenções com o pensamento, esquecendo de enfatizar que é necessário um conjunto de ações coordenadas que deverão ser levadas a cabo. Tudo é um trabalho gradativo e que exige dedicação, intenções claras e a gestão ativa de nossos pensamentos e ações. Do contrário, sonhos continuarão sendo sonhos e nada mais.

Para realizarmos nossos desejos mais íntimos, ações deverão ser tomadas constantemente e a determinação será a base fundamental para que não desistamos no meio do caminho. A ideia de que você simplesmente "pede, acredita e recebe" é a simplificação de um processo que exige disciplina de pensamentos e de ações. Muito mais que "pedir, acreditar e receber", falaremos sobre "sintonizar, imaginar e agir". Sem ações que estejam alinhadas com os seus desejos, nada se manifestará além de frustrações.

CAPÍTULO 4

REFLEXÃO: O R DO MÉTODO RFID

"A reflexão é uma das ferramentas menos usadas, mas uma das mais poderosas."

Richard Carlson, autor do livro
*Não faça tempestade em copo d'água...
e tudo na vida são copos d'água...*

Em 1990, aos dezessete anos, imigrei para a Califórnia, nos Estados Unidos. Certamente foi uma das grandes bênçãos da minha vida por várias razões. Depois de todos os desafios que havia passado na juventude, os novos ares na cidade de Los Angeles trouxeram vigor e novos horizontes para minha vida. Tudo era novo, bonito, promissor, e o passado tinha ficado para trás. Era hora de aprender novos valores e conquistar o *american dream*.

No começo fiquei na casa da minha irmã Priscila, minha grande parceira e mentora de fé. No entanto, ela logo voltou ao Brasil e eu fui morar com colegas, trabalhando como ajudante de pedreiro e de garçom enquanto estudava inglês à noite. Depois de um ano e meio trabalhando feito um camelo, meu inglês já estava razoável e eu consegui uma vaga como vendedor de automóveis em uma concessionária da Dodge, no bairro de Glendale. Me senti "o cara", pois era um trabalho mais formal, eu usava gravata e estava entre alguns profissionais que acabaram sendo meus professores na área de vendas.

Alguns dos vendedores eram uns ratos sujos que roubavam clientes, entre outros truques baixos. Ainda assim, foi uma grande escola, e, além de modular a frequência dos melhores vendedores, eu estudava noite e dia para elevar a minha performance. Em pouco mais de um ano eu tinha me tornado o melhor vendedor duas vezes e tive a felicidade de vender dois Dodge Viper, um carro esportivo que trouxe a marca de volta aos holofotes na época em que Lee Iacocca era o presidente do grupo Chrysler, dono da marca Dodge.

A história de quando vendi dois Dodge Viper é curiosa. O comprador entrou de chinelo numa manhã de sábado e, ao que tudo parecia, era mais um dos curiosos que vinham saber da performance do Viper. Dei todas as informações e perguntei, sem colocar muita fé, se ele gostaria de fazer um depósito de 5 mil dólares para garantir uma das poucas unidades que seriam fabricadas naquele ano. Ele respondeu que sim e que na verdade queria reservar um para ele e outro para o irmão, já puxando o talão de cheques. Resumo da história: ganhei 2 mil dólares de comissão com aquela venda e aprendi uma lição que nunca esqueci – jamais julgue um homem pela sua aparência.

Acelerando um pouco o tempo, cinco anos depois eu já estava cursando marketing na California State University of Long Beach e tinha sido contratado para trabalhar na DirecTV, subsidiária da Hughes Aircraft. Eu era o coordenador de emissão de sinais para os satélites e trabalhava em contato com o Brasil e outros países da América Latina que também recebiam o sinal de satélite com mais de duzentos canais, uma inovação inimaginável para a época. Meu amigo Doug Jackson foi quem me indicou para a vaga, por sinal um amigo e mentor a quem serei sempre grato. Em 1996 eu ganhava mais de 50 mil dólares por ano com horas extras e adicionais noturnos. A conquista do sonho americano estava cada vez mais próxima.

No entanto, em 1998, toda a poeira que eu havia colocado debaixo do tapete durante os traumas da juventude começou a vir à tona. De forma inesperada, o trauma do falecimento de minha irmã e de minha mãe e o alcoolismo do meu pai começaram a emergir do subconsciente. Minha performance na DirecTV e na faculdade aos poucos foi decaindo, e um sentimento de profunda tristeza me invadia. Conscientemente eu lutava, afinal de contas minha vida estava espetacular. No entanto, logo percebi que estava entrando em uma profunda depressão e vi o meu chão desabar em poucos meses. Fui mandado embora da DirecTV por justíssima causa, pois meu desempenho estava péssimo. Acabei reduzindo as matérias que cursava na faculdade e me vi obrigado a fazer terapia e a tomar antidepressivo por um período. Felizmente, depois de oito meses eu já estava bem, voltei a trabalhar em vendas e retomei a faculdade a todo vapor.

Uma das técnicas terapêuticas que me ajudaram bastante no período chama-se EMDR, cuja sigla, em português, significa Dessensibilização e Reprocessamento pelo Movimento dos Olhos. De maneira simplificada, trata-se de trazer o sentimento ou evento traumático à tona enquanto se movimentam os olhos de uma extremidade a outra para reprocessar o trauma ou evento negativo. Parece simples demais para ser verdade, mas é bastante eficaz. Obviamente, esse tipo de terapia deve ser ministrado por um psicólogo experiente.

Outra técnica que me ajudou muito e ainda hoje tenho como aliada para a vida pessoal e profissional é a meditação.

Falaremos mais adiante sobre alguns métodos e sobre o fato de a meditação ser uma ferramenta espetacular para o sucesso em inúmeras áreas da nossa vida.

Conto esse episódio para mostrar a importância de refletirmos sobre a nossa vida e para ilustrar como tudo acaba sendo um aprendizado para o nosso crescimento. Durante ou após passarmos por experiências desafiadoras, precisamos olhar para dentro e desenvolver o autoconhecimento, processando e ressignificando as adversidades em aprendizado. Essa é a constante reflexão que precisamos ter durante a vida. É necessário revisar, repensar e passar a limpo momentos cruciais de nossa história de vida, mergulhando num processo de **Reflexão** que leve ao autoconhecimento e crescimento. Esse é o primeiro pilar do Método RIFD.

Agora abordaremos alguns temas que podem ou não ter relevância para sua história pessoal. Mesmo que sinta que é muita "psicologia" para pouca técnica de realização profissional, financeira e pessoal, peço que mantenha sua mente aberta e avalie se há pontos importantes para refletir e reprocessar.

ODEIE O PERFECCIONISMO, AME O ERRO

> *"Os erros são maravilhosos; quanto mais eu erro, mais inteligente eu fico."*
> R. Buckminster Fuller, filósofo e inventor da cúpula geodésica

Pense em algo que você quer muito realizar, mas ainda não começou. Sabe dizer o motivo que o impede de dar o primeiro passo? Talvez você tenha caído na cilada do perfeccionismo, que vira uma boa desculpa para nunca começarmos um objetivo e nos deixa travados na nossa habilidade de tentar coisas novas e nos expor ao desconhecido.

O perfeccionismo, na maioria das vezes, significa a falsa presunção de que haverá uma hora perfeita, um lugar mais propício ou uma situação ideal para começar ou terminar algum projeto. Como esse momento perfeito nunca chega, grandes realizações são engavetadas sob a falsa desculpa de que "não era para ser". Lembre-se sempre: "O feito é melhor do que o perfeito".

Nosso sistema educacional nos treina para "não errar", e somos penalizados ou ridicularizados quando falhamos. Também somos julgados por não ter a mesma performance nas diversas "modalidades" de conhecimento. Na escola primária, lembro-me de como os estudantes mais "lentos" eram ridicularizados pelos colegas da sala de aula. Por total falta de preparo, o próprio corpo docente reiterava a conduta de penalizar os estudantes e evidenciar os erros. Eu sempre fui péssimo em matemática, mas isso não me impediu de me tornar um executivo e empreendedor com algum sucesso.

Precisamos entender que não é necessário ser bom em tudo; essa é uma pretensão vaidosa e sem sentido, já que todos temos áreas de maior interesse e aptidão. Como sempre digo, "não é o que você sabe fazer, mas quem você conhece que sabe fazer". Digamos, por exemplo, que você herde uma clínica de estética da sua família e agora precise fazer a gestão dessa clínica. Será que você precisará realizar todos os procedimentos de estética? Obviamente que não; você só precisará aprender sobre a gestão do estabelecimento. Aprender os conceitos gerais sobre os tratamentos será imprescindível, mas isso não quer dizer que você precise saber realizá-los.

Enquanto muitos buscam momentos e ocasiões perfeitas, outros erram até que as condições se tornem perfeitas ou as mais favoráveis possíveis. Gosto de brincar que a perfeição é a voz do diabo, pois o perfeccionismo é realmente muito nocivo. Na minha empresa, a DMZ Connection, não teríamos lançado o primeiro leitor para impressoras com biometria e radiofrequência do mundo se não tivéssemos falhado muuuito. Pergunte-me se falhar é frustrante. Claro que é!!! É tempo, dinheiro, exaustão, noites longas e assim vai. No entanto, uma hora acaba dando certo; é a lei da probabilidade em ação.

A nossa primeira versão do Bio Reader, leitor de biometria e radiofrequência, funcionava bem, mas o leitor era muito grande. Também precisava de uma fonte externa para alimentação, e o tamanho comprometia a estética. Mesmo assim, embora não fosse perfeito, vendemos milhares de unidades e algumas delas estão sendo utilizadas até hoje. A própria Epson comprou para utilizar em suas instalações, motivo de muito orgulho para nós. A segunda versão foi melhor, e tivemos boas vendas no Brasil e algumas exportações. A versão mais recente ficou excelente, o leitor já foi exportado para mais de dez países e continua bombando.

Pergunta do milhão: alcançamos a perfeição com o leitor Bio Reader da DMZ Connection? Certamente que não; já temos planos de melhorias para a próxima versão, e assim é com a vida de qualquer produto ou pessoa: sempre há espaço para melhorar. Tanto na vida pessoal quanto na profissional, o segredo é buscar ser melhor que ontem. Siga essa dica e, em médio prazo, você se tornará "pró" em qualquer área.

Talvez não tivéssemos iluminação em nossas casas se Thomas Edison não estivesse disposto a "falhar" 10 mil vezes até conseguir desenvolver a lâmpada. Ele e seus assessores tinham livros documentando todas as tentativas que não haviam dado frutos. Aliás, falando de escolaridade *versus* competências, Thomas Edison foi obrigado a continuar seus estudos em casa com a mãe, pois a escola o expulsou por ser muito "lento". A carta que a mãe recebeu insinuava que ele tinha certo atraso mental.

É possível que Thomas Edison tivesse algum grau de autismo. Hoje sabemos que o autismo traz alguns desafios, mas, quando a criança ou adulto desenvolve uma paixão por um tema, não tem pra ninguém. Há especulações que grandes personalidades têm ou tinham um grau de autismo, como Lionel Messi, Elon Musk, Diego Vivaldo, Albert Einstein, Anthony Hopkins, Bill Gates, Isaac Newton, Tim Burton, Charles Darwin, entre tantos outros.

Impossível não mencionar Elon Musk e o aperfeiçoamento de seus foguetes Falcon. Vale lembrar que Elon explodiu três foguetes consecutivamente e estava à beira da falência antes de ter sucesso. Será que ele é perfeccionista? Certamente que não, do contrário teria desistido após a primeira ou segunda tentativa. Foram a perseverança e o aprendizado com os erros que o levaram ao sucesso em sua quarta tentativa. Como "pequeno prêmio", a Space X foi a primeira empresa privada a ganhar um contrato com a Nasa, tornando-se responsável pela reativação do projeto de exploração espacial nos Estados Unidos.

Elon Musk mudou o curso da história insistindo em errar. Recentemente, vimos seu foguete Falcon retornar da missão "estacionando de ré". O antigo ditado "foguete não dá ré" foi eliminado por alguém que não teve medo de errar... UAU! Fico só imaginando a cara de todos os assessores que recomendaram que Musk abandonasse o projeto devido aos altos riscos financeiros e aos possíveis danos à sua reputação.

O perfeccionismo é uma trava mental gigantesca que costuma gerar medo e, consequentemente, muitas pessoas nem sequer começam seus projetos por medo de fracassar. Se fracassar depois de algumas tentativas é ruim, pior ainda é não começar por ter receio de falhar. Ou, pior ainda, por medo do que os outros vão falar ou pensar. A verdade é que, na maioria das vezes, as pessoas nem estão preocupadas com você, e o que realmente te freia é a sua autorreprovação. Como dizem: "O que dizem de mim não me diz respeito". De fato, quem se preocupa demais com sua reputação acaba por inibir ou matar a ação necessária para o autocrescimento.

A maioria de nós, mortais, não está tentando construir foguetes ou ser um grande inventor. Ainda assim, travamos a nós mesmos ao não começar projetos pessoais que nos trariam grande alegria, crescimento físico, emocional e espiritual. Isso se aplica às coisas triviais, por exemplo, começar um canal no YouTube; fazer um curso de pintura; praticar uma arte marcial; começar um regime; mudar de casa; cursar uma pós-graduação etc. Como dizia Napoleon Hill: "Você só terá fracassado quando aceitar uma derrota temporária como um fracasso absoluto".

Existe algo de errado em buscar a perfeição?

Certamente não: a busca da perfeição é inerente ao ser humano. No entanto, muito mais importante que a perfeição é a busca pela expansão da nossa consciência e pela nossa realização pessoal. Melhor que a busca pela perfeição é buscarmos ser melhores a cada dia; essa é a chave.

Temos que lembrar que não é possível nos tornarmos um Picasso antes de fazer uma aula de pintura; não é possível ser um Jimmy Hendrix se não comprarmos uma guitarra e tocarmos com os amigos. Nos negócios, não será possível nos transformarmos em um Jeff Bezos (um pequeno Jeff Bezos já seria fenomenal) antes de montar um pequeno e-commerce. Por sinal, é importante frisar que a Amazon começou como um e-commerce de livros antes de se tornar o maior marketplace do mundo, convertendo Jeff Bezos em um dos homens mais ricos do planeta. Em suma, um cara cujo projeto era vender livros na internet acabou se tornando o homem mais próspero do varejo mundial.

A vida é sinônimo de movimento, tudo está em evolução. Em função disso, mais importante que ser perfeito é estar em constante crescimento, em movimento e aperfeiçoamento. É importante errar inúmeras vezes, pois isso nos levará ao fortalecimento de nossas habilidades. Obviamente, evitemos errar nas mesmas coisas. Como se diz no mundo dos negócios: "Erre rápido, erre barato e erre em coisas diferentes". A vida é um risco, e o erro é um grande professor.

Bloqueios de aprendizado, criatividade e afetividade

Os bloqueios de aprendizado, criatividade e afetividade que todos temos em algum grau surgem quando pais, escolas e figuras influentes começam a nos criticar e a colocar sementes de medo e de autocrítica no nosso subconsciente. Por isso, como pais, devemos fortalecer a autoestima de nossos filhos, lembrando-lhes de que são únicos e de que serão amados independentemente de sua performance nessa ou naquela área. Toda criança tem algum dom especial que, se estimulado desde os primeiros anos de vida, fará com que ela tenha sucesso em uma ou mais áreas. Enquanto disciplina e limites são importantíssimos para crianças saudáveis, o excesso de críticas inibe o desenvolvimento de habilidades natas que fogem do escopo curricular.

O outro lado do pêndulo é quando os pais adotam a postura de só dizerem "sim" aos filhos, buscando compensar alguma falta ou trauma do passado. Essa postura de só dizer "sim" acaba criando crianças mimadas que sofrerão terrivelmente na vida adulta.

Hoje é comum ver atividades esportivas em escolas que premiam com medalhas a todos os participantes, independente da performance. Essa atitude de nivelar por baixo a performance é igualmente perigosa, pois desvaloriza quem mais se empenhou e promove crianças emocionalmente fracas. Gostaria de ver essa mesma criança "mimadinha" na idade adulta falar ao seu supervisor: "Olha, chefe, eu não alcancei minhas metas como os meus colegas, mas queria ver se dá para eu receber a bonificação. Me dá uma colher de chá, *boss*!". Você sabe bem que o chefe irá pensar, mas não poderá dizer: "Vai à m&#da!".

Temos que ensinar aos nossos filhos que o mundo premia os que se esforçam, cooperam e entregam resultados. Do contrário, faremos um desserviço a essas crianças, pois a competição sempre existiu e sempre existirá. A maior competição é a interna, como vimos no começo do livro, mas também existe a competição no mundo externo.

A raiz do perfeccionismo

A raiz de ser ou tentar ser perfeccionista é, na maioria das vezes, a baixa autoestima. As pessoas com o ego mais ou menos fragilizado buscam constantemente a validação dos outros e querem ser perfeitas ou "boazinhas". Se você sofre de baixa autoestima, como eu já sofri por muito tempo, lembre-se de que a única pessoa que pode validá-lo é você mesmo e o seu Criador. Por sinal, o seu Criador já validou você e o fez 100% único em meio a 8 bilhões de produções absolutamente originais. Você foi criado à imagem e à semelhança do Criador, mas com atributos e dons únicos, que são só seus: revele-os ao mundo... o mundo te espera!

Sem medo de me expor, confesso que herdei alguns traumas de meus pais, dos quais, por meio de terapia e meditação, consegui me livrar em grande parte. A verdade é que há um número gigante de pais que não têm preparo para apoiar e formar jovens com uma personalidade sólida, boa autoestima e um espírito desbravador. Nossos pais e outros influenciadores em nossa vida fizeram o que sabiam, e, por essa razão, precisamos exercitar o perdão e seguir adiante. Cada um faz o que pode com o conhecimento e o preparo que tem em dado momento; não é algo pessoal.

Só depois de ser pai ou mãe é que se percebe quão fácil é tornar-se um pai ou mãe autoritário e crítico. É preciso se autoavaliar constantemente para não repetir os erros do passado. Muitas vezes os pais se utilizam de ameaças e manipulação quando sentem que estão perdendo o controle. Por isso, como pais, é importante inventariarmos nossos valores e comportamentos, pois muitos deles são heranças indesejadas que, despercebidamente, podemos passar a nossos filhos.

Boas leituras e uma constante autoanálise são dicas importantes para criar filhos saudáveis, que não se escondam atrás do perfeccionismo, da inatividade e da falta de assertividade.

SEMPRE PERGUNTE, NUNCA PRESUMA

> *"Um dos maiores presentes é não ter medo de questionar."*
> Ruby Dee, atriz norte-americana

O fato de assumirmos que certas coisas "são como são", sem refletir, faz com que deixemos passar oportunidades, simplesmente por não questionarmos essas coisas. Se a Daniela e eu não tivéssemos questionado a "sentença de morte" da nossa filha Giovanna, teríamos cruzado os braços e a tal sentença teria se cumprido. O questionar é, portanto, uma postura proativa diante dos cenários que se apresentam em nossas vidas. É uma abertura que damos para que a vida nos surpreenda positivamente, com desfechos que não foram apresentados ou previstos.

As pessoas, por natureza, têm receio de fazer perguntas por medo de rejeição, para não serem indiscretas, por timidez ou por receio de ouvirem uma negativa. A maioria de nós já fez isso em algum momento; portanto, vamos parar e reavaliar essa postura.

Tomemos como exemplo um relacionamento com clientes: qual a melhor forma de saber se eles estão felizes? Talvez você acredite que o melhor termômetro para saber isso é ter esses clientes voltando a comprar da sua empresa. Sem dúvida, o cliente voltar a comprar é um excelente indicador de que ele está feliz, mas esse indicador pode falhar.

E se você e sua equipe de vendas conseguissem fazer o seu cliente ainda mais feliz e se assegurar de que nenhum concorrente irá arrastá-lo do dia para a noite? Acredite, eu trabalhei na área comercial toda a minha vida, e muitas vezes os clientes não se dão ao trabalho de reclamar ou expressar seu descontentamento. Eles simplesmente escolhem ir à concorrência sem nos dar uma chance de defesa.

Por que fazem isso? Para não se exporem ou não "ferirem" seus sentimentos; isso faz parte da natureza humana. O cliente, muitas vezes, se sente sem jeito de dizer "agradeço a parceria, mas consegui condições muito melhores com um concorrente e tomei a decisão de migrar os meus negócios para lá". É muito raro que um cliente seja assertivo e direto para relatar o seu descontentamento, salvo em ocasiões nas quais contratos serão rescindidos ou deixarão de ser renovados.

Seja qual for a sua linha de negócios, o importante é sempre pedir o famoso feedback em seus relacionamentos. A forma mais fácil e objetiva de fazer isso é perguntando: "Em uma escala de 1 a 10, quão feliz você está com o nosso relacionamento, serviço, produto?". Qualquer nota abaixo de 10 deve ser seguida desta pergunta, que é ainda mais importante: "O que podemos fazer para chegar a 10 e tornar você mais feliz?".

Simples assim. Obviamente, você precisa fazer a pergunta e estar realmente disposto a *escutar* atentamente o que o cliente relata. Se o feedback contiver críticas e/ou sugestões, essa é uma *grande oportunidade*. Os feedbacks negativos são muito mais produtivos do que os positivos, pois permitem que você avalie as possíveis áreas para melhorar e, possivelmente, salvar um relacionamento. Não leve para o lado pessoal, sobretudo quando dizem respeito a relações comerciais. Seja objetivo e veja como utilizar a crítica ou sugestão para melhorar os seus processos, serviços ou produtos.

Quando falamos de relacionamentos interpessoais, o *script* é o mesmo. Muitos casamentos podem melhorar e evitar os abismos que são criados fazendo a simples pergunta: "Amor, na escala de 1 a 10, quão feliz você está com o nosso relacionamento?". Novamente, qualquer nota abaixo de 10 recebe uma nova pergunta sem entrar na defensiva: "O que posso fazer para chegar a 10? O que posso fazer para melhorar o nosso relacionamento?".

Acredite, se você é casado e existem pequenas diferenças na relação, é importante que saiba disso, pois só você tem o poder de efetivamente melhorar as coisas e deixar o seu parceiro ou parceira mais feliz. Via de regra, a irmã do cônjuge já sabe dos problemas no casamento, o melhor amigo ou a melhor amiga do trabalho já sabe, às vezes até a manicure já sabe... só você não sabe ou finge não saber. Como falamos, você é a única pessoa que tem o poder de melhorar o relacionamento e, por isso, precisa ter a coragem de perguntar, mesmo que seja desconfortável. Eu mesmo já pequei nesse aspecto e paguei caro por "presumir". Não é bizarro que algo simples como pedir um feedback possa mudar positivamente o curso de um casamento? Aproveite hoje à noite para fazer a "pergunta do milhão" ao seu namorado(a) ou cônjuge.

A verdade é que só fazendo perguntas teremos as ferramentas para adaptarmos nossas ações e melhorarmos nossos relacionamentos interpessoais. As pessoas ao seu redor saberão mais da sua inteligência pelo tipo de pergunta que você faz do que pelas respostas que dá. Fazer perguntas inteligentes é a chave para estar no caminho do sucesso e manter constante aprendizado.

Se você gerencia uma equipe em um ambiente corporativo, busque fazer perguntas abertas ou usar esse mesmo *script* de 0 a 10. Se fizer de forma anônima, os resultados serão mais fidedignos. Na minha empresa, costumo solicitar feedback de todos sobre a minha gestão a cada seis meses. Eu geralmente coloco para os meus colaboradores algumas perguntas abertas e outras com nota de 0 a 10. Depois peço que eles imprimam as respostas com a mesma fonte e tamanho para que eu não consiga identificar quem escreveu o feedback.

Confesso que já recebi algumas respostas que não gostaria de ter recebido, ou seja, feedbacks negativos de um aspecto ou outro da minha gestão. No entanto, foi somente por meio desse retorno que tive a possibilidade de me autoavaliar, melhorar minhas atitudes e deixar a equipe mais engajada. Acredite, o simples fato de eu "dar a cara a tapa", pedindo uma avaliação dos colaboradores já dá a eles um senso de que suas opiniões realmente fazem a diferença. E, como é de esperar, se os colaboradores não estiverem felizes, os seus clientes também não estarão. Uma equipe feliz e engajada é sinônimo de clientes felizes. Lembre-se sempre disso!

A rejeição é um mito

Ainda sobre a necessidade de perguntar sempre, costumo dizer que a rejeição é um mito. A realidade é que, quando você não pergunta o que deseja saber, já está se rejeitando antes mesmo da possibilidade de "ser rejeitado". Ou seja, você se rejeita por medo da rejeição, algo totalmente contraproducente. Se você pede a um cliente para ele fechar uma compra e ele diz "não", nada realmente mudou. Você não tinha a venda fechada antes de perguntar e continua sem fechar a venda depois de pedir. Mudou alguma coisa? Absolutamente nada. A diferença é que, ao perguntar ao cliente, você tem a chance de receber um "sim", o alvo desejado para qualquer vendedor. A mesma coisa se aplica quando for pedir uma promoção ao seu chefe. Se você receber um "não", faça logo em seguida a pergunta: "Quais são as habilidades que devo desenvolver para ter essa chance no futuro?".

É isto: perguntar, perguntar e perguntar... não existe rejeição. No entanto, tratando-se de pedir uma promoção no trabalho, seja inteligente e aborde seu chefe em um momento em que ele ou ela estiver mais tranquilo e, de preferência, de bem com a vida. Quando éramos crianças, sabíamos os momentos mais adequados para pedir uma "grana" aos nossos pais, quando pedir um presente ou mesmo quando queríamos dormir na casa de amigos. Em resumo, já tínhamos essa estratégia de persuasão bem desenvolvida lá atrás, então faça uso dela. A mesma estratégia funciona na idade adulta; saiba ler o ambiente e peça o que deseja em momentos mais favoráveis.

A pergunta que destravou um palestrante

No ano de 2014 meu amigo Dagoberto e eu organizamos um evento chamado Outsourcing Day, que ocorreu dentro de uma grande exposição sobre o mercado de cartuchos para impressão. O evento consistia em uma série de palestras sobre o mercado de impressão, e, além de organizá-lo, eu palestrei sobre o fato de os leitores de cartões de radiofrequência (RFID) agregarem confidencialidade de dados e valor a projetos de locação de impressoras. Para minha surpresa, no meio da minha palestra, meu amigo entrou com um senhor chinês na sala onde eu estava me apresentando. Ambos assistiram à palestra por aproximadamente dez minutos e logo saíram, antes mesmo de eu encerrá-la.

Fiquei um pouco sem entender a entrada e saída no meio da palestra, mas, por se tratar do meu amigo, não fiz nenhuma suposição. Logo após terminar minha fala, fui buscar um café e encontrei Dagoberto, que, então me apresentou a Jeff Gu, seu amigo chinês. Conversamos em inglês por alguns minutos e fiquei sabendo que Jeff era o organizador de uma das maiores feiras de impressão em Xangai, chamada Rechina. Jeff disse que não havia entendido o conteúdo da minha palestra por questões do idioma, mas que gostou muito do meu entusiasmo e carisma. Eu agradeci o elogio e, após alguns minutos de conversa, trocamos cartões de visita e nos despedimos.

Logo depois que me despedi, caiu a ficha e eu pensei comigo: "Que mané que eu fui... Jeff tem uma feira na China e eu não perguntei se ele tinha palestras no evento ou se tinha interesse em alguém palestrar sobre a América Latina". Enquanto uma voz me dizia para eu não ser ansioso e mandar um e-mail na semana seguinte, outra voz, no entanto, me dizia para ir atrás do senhor Jeff JÁ, pois estava deixando passar uma possível oportunidade de palestrar e fazer *networking* na China.

Na mesma hora liguei para o celular do Dagoberto e perguntei onde ele estava e se ainda estava com Jeff. Ele disse que eles estavam em um dos estandes da feira, e eu voei para lá. Chegando ao local, comecei a conversar novamente com eles. Após alguns minutos perguntei a Jeff se havia palestras na sua feira em Xangai. Ele falou que havia um salão reservado para palestras e que elas seriam ministradas durante todo o evento. Naquele momento, não contive o ímpeto e perguntei: "O senhor acha que ter uma palestra sobre o mercado de impressão na América Latina seria interessante para o evento?". Eu sabia que tinha sido direto demais e, provavelmente, levaria um "não" gigantesco. No entanto, para minha total surpresa, ele respondeu: "É uma ótima ideia, pois muitos expositores chineses e europeus querem saber mais sobre o mercado latino-americano. Vou entrar em contato com você por e-mail e avançamos com o tema".

O restante da história foi absolutamente espetacular. Não só fui dar a palestra em Xangai como me deram uma passagem a mais para levar um acompanhante e me colocaram em um hotel quatro estrelas. E mais: *me pagaram* um belo cachê, sendo que eu teria ido mesmo se tivesse que pagar minhas despesas. Um dia antes da palestra tive uma crise de ansiedade que acabou desencadeando uma *tremenda* dor de barriga, para não falar outra coisa. Fui à farmácia mais próxima do hotel e tive que usar das mímicas mais toscas para exemplificar os sintomas e conseguir algum tipo de remédio parecido com Imosec. Felizmente, o Google me salvou quando consegui mostrar fotos do Pepto-bismol, um remédio americano indicado para os sintomas que eu tinha naquele momento.

Apesar de eu ter passado uma "noite de rei", ou seja, "no trono", minha palestra teve excelente repercussão. No ano seguinte, fui convidado não apenas para palestrar, mas também para ser o mestre de cerimônia nas conferências da feira Rechina. A experiência foi realmente engrandecedora, e, além de desfrutar cada momento, acabei criando boas oportunidades de negócio. Depois desse evento fui convidado a participar de uma feira em Zhuhai e, no ano seguinte, palestrei em Cancún. Em suma, o simples fato de ter encarado o medo e perguntado me abriu oportunidades profissionais com as quais eu nunca tinha sonhado. Em resumo: sempre pergunte, nunca presuma. Atrás de uma simples pergunta pode estar uma grande oportunidade!

ENTENDENDO AS QUATRO LEIS DO ESPELHO

> *"O mundo é um grande espelho.*
> *Ele reflete o que você é."*
>
> Thomas Dreier, editor e escritor norte-americano

Tudo o que vemos fora é, de alguma forma, algo que temos dentro. Esse é o resumo de uma teoria que me causou estranheza e rejeição quando ouvi pela primeira vez a "teoria do espelho" ou "leis do espelho". Segundo essa teoria, as virtudes e defeitos que vemos nos outros são um reflexo de nossas emoções interiores. Os psicólogos chamam isso de projeção, ou seja, o que vemos nos outros, de alguma forma, também está em nós.

Digamos, por exemplo, que você admire muito um amigo seu pela coragem e alegria. Segundo a lei do espelho, você só enxerga essas qualidades em seu amigo porque você já as tem ou porque as tem em potencial para serem desenvolvidas. O outro lado da moeda seria se você se incomodasse com a coragem e alegria de um amigo. Nesse caso, o mais provável é que você tenha alguma frustração por não ter esses mesmos atributos ou não conseguir desenvolvê-los.

Sigamos com outro exemplo: digamos que você se irrite profundamente quando alguém o(a) interrompe enquanto fala. Na sua interpretação, interromper alguém falando é uma tremenda falta de respeito. No entanto, há inúmeras pessoas que não levariam essas interrupções para o lado pessoal. Em resumo, essa "irritação" é algo particular seu que deve ser trabalhado. Aí entra "a caça aos fantasmas" do passado ou da introspecção para descobrir por que isso mexe tanto com você. Essa irritação pode ser fruto, por exemplo, de alguma das possibilidades abaixo:

1. Seu pai ou sua mãe não deixavam você expressar a sua opinião em discussões da família.
2. Seus pais ou irmãos mais velhos o interrompiam quando você queria contar alguma coisa que tinha acontecido na escola.
3. Sem se dar conta, você mesmo faz isso com outras pessoas.
4. Você tem baixa autoestima, e ser interrompido ativa um gatilho que aflora esse sentimento de fragilidade.

Esse foi só um exemplo, mas, toda vez que vemos que a nossa reação a qualquer evento externo é muito emocional, tenha certeza de que há algo em nós para ser trabalhado. Esses "traumas" ou "sombras" que temos ficam gravados em nosso subconsciente e não é fácil identificar em que momento da sua vida eles ocorreram. No entanto, quando identificamos que existe algo mal resolvido, metade da batalha está ganha. Afinal de contas, como curar uma ferida sem saber que ela existe? Portanto, quando notar que algo no outro lhe causa muito desconforto, é sinal de que há uma "lição de casa emocional" a ser feita.

Vamos pensar em outro exemplo: digamos, hipoteticamente, que eu, Daniel Mazzeu, odeie quando colaboradores se atrasam para reuniões. De fato, é sempre importante honrar os horários, mas "odiar" um atraso é um pouco de exagero. Nesse caso, há algumas possibilidades para essa minha suposta rigidez:

1. Embora sofra com esse comportamento, sou rígido demais comigo mesmo e não me permito erros ou atrasos.
2. Quando eu era jovem, meus pais me levavam para a escola sempre com atraso, me causando constrangimento junto a colegas e professores.
3. Minha esposa sempre se atrasa para eventos familiares e isso me irrita profundamente. Sendo assim, eu projeto essa frustração com minha esposa em colegas da equipe.

Felizmente foi só um exemplo, pois não tenho problemas com atrasos. Até porque sou brasileiro e já estou calejado. O fato é que, sempre que projetamos no outro emoções mal resolvidas em nós, o problema é interno. Mas isso não é nada grave, pois todos temos uma ou várias coisas a serem trabalhadas – bem-vindo à experiência humana. Como disse o filósofo chinês Lao Tzu há muitos anos: "Uma jornada de mil milhas começa com um só passo".

O curioso da lei ou teoria do espelho é que, enquanto não trabalharmos a questão mal resolvida, o Universo continuará nos trazendo o mesmo cenário para que possamos transmutá-lo. É o que eu chamo carinhosamente de "Universidade Emocional do Universo". Se as pessoas que falam alto incomodam você, o Universo irá trazer mais e mais pessoas que falam alto até você encontrar a paz com essa situação. Você pode mudar de estado, de empresa, mas em algum momento vai se deparar com pessoas que falam alto para ver se você passa no teste ou não.

Nesse sentido, o Criador é implacável, pois a "Universidade Emocional do Universo" é obrigatória, não tem conversa. Você pode facilmente se tornar multimilionário sem ter uma faculdade; há inúmeros casos que atestam a esse fato. No entanto, sem passar com boas notas na "Universidade Emocional do Universo", não é possível alcançar a autorrealização e a felicidade. Em resumo, lidar com sentimentos não é coisa para os fracos ou para pessoas "sensíveis". Ao contrário, é preciso muita coragem para olhar para dentro e iluminar todas as sombras do nosso interior.

Veja a seguir as quatro leis do espelho, para o caso de se interessar em desenvolver maior conhecimento sobre elas:

1. Tudo aquilo que te incomoda, irrita ou que você deseja mudar no outro está dentro de você também.
2. Quando a opinião do outro sobre você o incomoda, é porque existe alguma verdade nessa opinião que precisa ser trabalhada.
3. Todas as virtudes e forças que reconhece e admira no outro já existem em você ou você as tem em potencial para existir.
4. Tudo aquilo que o outro fala, critica ou julga sobre você, sem que lhe afete emocionalmente, pertence somente àquele que fala.

Encerro este segmento com uma frase do ilustre psicanalista francês Jacques Lacan: "Existem várias coisas neste mundo que servem como espelhos". De fato, Lacan tinha razão: o Universo é um grande espelho que traz de volta os nossos sentimentos mais íntimos, sejam eles bons ou ruins.

PESSOAS TÓXICAS: ENTENDA COMO ELAS AGEM NA SUA VIDA

> *"Quanto menos você responde às pessoas negativas, mais poderosa sua vida se torna."*
>
> Robert E. Baines Jr., autor do livro *Mean people*

É imprescindível refletirmos se há pessoas tóxicas ao nosso redor e aprender a delimitar espaços, ainda que sejam pessoas próximas, como pais, parentes ou colegas de trabalho. Como identificar? Pense naqueles que, de forma sutil, roubam sua energia e baixam sua frequência, por meio de mensagens negativas e de um olhar crítico exacerbado. Elas nos levam para baixo, mesmo com a "melhor das intenções".

Pode parecer para muitos um exagero dizer que existem pessoas "tóxicas", mas a verdade é que o mundo está cheio delas. Elas estão em todos os lugares, todos os cargos, todos os credos e, muitas vezes, ao nosso lado.

Como definir o que é uma pessoa tóxica?

Uma das características marcantes das pessoas tóxicas é o fato de elas sempre terem um problema para toda solução. Uma pessoa tóxica é aquela cujos pensamentos estão voltados para o fracasso, para a crítica, para o medo, para o cinismo, para a superstição, para o sarcasmo, entre outros comportamentos e atitudes negativos. O problema é que muitas dessas pessoas tóxicas se apresentam exteriormente como equilibradas e com "sólidas" convicções. Ou seja, é comum uma pessoa tóxica parecer simplesmente alguém autoconfiante e convicto de suas crenças. Mas, com o tempo, a toxina começa a se mostrar e fica fácil perceber quem é quem. Uma pessoa tóxica está sempre certa de suas "verdades" e, no seu ponto de vista, somente evidencia o que há de negativo nas outras pessoas, na vida e na sociedade em geral.

Como sabemos, no entanto, as verdades nada mais são do que uma projeção da nossa realidade interna. Ou seja, a realidade das pessoas tóxicas é fruto de pensamentos incorretos e negativos que elas cultivam em seu interior. As pessoas tóxicas tendem a acreditar *de coração* que estão fazendo o bem ao mundo ao evidenciar supostos defeitos nos outros, na organização das cidades, nas empresas, nos colegas, nos filhos e assim por diante. A pessoa tóxica pode se disfarçar com charme e, inclusive, com boas doses de humor e ironia. No entanto, se olharmos um pouco além da superfície, fica evidente que o charme, o cinismo ou o bom humor são apenas uma fachada para ela poder destilar o veneno que a consome por dentro. Esteja atento!

Outra forma fácil de detectar pessoas tóxicas é o fato de elas não ficarem à vontade para compartilhar e discutir diferentes pontos de vista. Para alguém tóxico, sua verdade, sua dor, suas razões estão acima de qualquer discussão. É comum esse tipo de pessoa se apresentar como vitimista e fatalista, gostando de ressaltar que o sofrimento dela é maior do que o dos demais; culpando o destino e terceiros pelos reveses que passou. A confusão mental e a negatividade são tão grandes que assumir os próprios erros passa longe de pessoas com essas características narcisistas e doentias.

Inevitavelmente, essas pessoas tendem a não prosperar e gostam que os outros estejam na mesma frequência do fracasso. Para uma pessoa tóxica e vitimista, observar os erros do passado e ver uma correlação entre causa e efeito é impossível. Mas não se engane: também há muitas pessoas tóxicas com sucesso financeiro.

Como descobrir se uma pessoa é tóxica?

Disse Jesus em Lucas, capítulo 6, versículo 45: "A boca fala do que o coração está cheio". Portanto, seja de forma sutil ou não, você poderá identificar a pessoa tóxica quando ela planta "sementes" de discórdia, dúvida, medo; evidencia erros (reais ou não); espalha fofocas; cria intrigas; e destila o seu veneno, do qual "o coração está cheio". Como as pessoas tóxicas gostam de ser validadas por suas "verdades incontestáveis", buscam que as pessoas ao seu redor concordem com elas. É comum ver grupos de pessoas tóxicas se retroalimentarem de seus pensamentos negativos, criando um círculo de amigos que falam a mesma língua. Mais comum do que imaginamos, há grupos assim na política, em comunidades religiosas, em famílias e assim por diante. A pessoa tóxica gosta de recrutar novos aliados que partilhem da sua "verdade incontestável" e validem seu pensamento.

A frequência vibratória de pessoas tóxicas

A frequência vibratória de pessoas tóxicas tende a ser péssima, e é muito comum elas "sugarem" a energia de outras pessoas ou de ambientes. Sem entrar no que pode parecer misticismo, você certamente deve se lembrar de uma ou mais ocasiões em que uma pessoa chegou ao ambiente e, subitamente, a "boa *vibe*" despencou. Como vimos no começo do livro, todos nós temos um campo eletromagnético que nos acompanha, e esse campo pode ser afetado por energias (campos) de outras pessoas e até mesmo de ambientes. Isso também acontece com aparelhos eletroeletrônicos, pois eles também têm um campo eletromagnético que pode ser afetado por outros aparelhos ou outros campos eletromagnéticos.

Falaremos mais sobre essa interação quando tratarmos da letra **F** (**Frequência**) do Método RFID. De qualquer forma, quanto mais equilibrada e positivada estiver a nossa vibração, menos interferência sofreremos ao estar expostos a pessoas com uma vibração negativa ou de "baixa *vibe*".

Como se livrar de pessoas tóxicas?

Como vimos antes, as pessoas tóxicas podem ser charmosas, convincentes e eloquentes e, portanto, o primeiro passo é perceber que alguém próximo é tóxico e exerce alguma influência negativa sobre você. Depois de ter ciência sobre a pessoa ou o grupo tóxico, busque se afastar o mais rápido possível, mesmo que no começo possa parecer uma perda. Quando as pessoas tóxicas são familiares, como pais, filhos ou maridos/esposas, e chefes, o processo é mais difícil e doloroso. Se existem laços afetivos fortes ou compromissos financeiros, não é tão fácil se libertar sem enfrentar muita culpa.

Seja qual for a situação em que haja pessoas tóxicas ao redor, a peça-chave é perceber a negatividade e se libertar ao máximo e sem culpa. Ame as pessoas tóxicas, perdoe o comportamento delas, mas crie uma distância. Não busque "consertar" ninguém, salvo se a pessoa realmente estiver disposta a ser ajudada. Procure estratégias para se manter mentalmente saudável; você merece.

Muitas vezes a psicoterapia poderá ajudar você a ter mais clareza e a criar estratégias para manter o máximo de sanidade mesmo ao redor de pessoas tóxicas. Por fim, se for necessário, o bom e velho adeus com compaixão é uma possibilidade a ser estudada.

A ALIENAÇÃO EMOCIONAL E A ARTE DE DIZER "NÃO"

> *"O único tirano que eu aceito neste mundo é a voz serena que vem de dentro."*
> Mahatma Gandhi, líder político e espiritual que promoveu a independência da Índia por meio da resistência pacífica

Para dar um mergulho em como agem os programas ruins que foram instalados no período do nosso desenvolvimento, vou recorrer ao conceito de alienação. Todos nós acreditamos sermos pensadores independentes e raramente reconhecemos que agimos de forma alienada por algo ou alguém. O conhecimento de centenas de psicólogos, no entanto, demonstra que a alienação mental ou emocional é mais comum do que imaginamos, começando com a alienação que muitos pais exercem sobre seus filhos. Em culturas latinas, em particular, é comum ver filhos barbados que ainda são dependentes e que nunca cortaram o cordão umbilical emocional e financeiro.

Comecemos por definir o termo "alienação" em suas diferentes esferas, de acordo com os dicionários mais tradicionais:

- **Aspectos jurídicos:** transferência para outra pessoa de um bem ou direito.
- **Aspecto da liberdade:** estado resultante do abandono ou privação de um direito natural.
- **Aspecto filosófico:** processo em que o ser humano se afasta de sua própria natureza.
- **Outros:** indiferença a problemas sociais e políticos.

Podemos, então, concluir que a alienação é a perda ou cessão voluntária de um direito natural (uso da razão), um dos bens mais valiosos que nos foram concedidos. É renunciar ao direito básico de tomar decisões baseadas em fatos, por meio da observação detalhada, do conhecimento empírico e, para aqueles que acreditam, do sexto sentido.

É inegável que a inteligência infinita deu a todos o uso da razão para que cada um formule as suas próprias opiniões sobre diversos aspectos da vida. Na prática, no entanto, buscamos o caminho mais rápido e fácil, a idolatria. Cultuamos estátuas, pessoas, *influencers*, monumentos, figuras políticas, bens materiais, dinheiro e outras coisas como fonte de sabedoria, de felicidade ou de salvação. No entanto, sempre que idolatramos algo ou alguém, estamos sendo alienados e cedemos o nosso poder a outra pessoa ou coisa.

Quem se qualifica para ser um alienador?

Basta ter uma boa dose de carisma, alguma eloquência e oferecer soluções simples e mastigadas para aqueles que buscam caminhos fáceis e não fazem uso do seu dom de raciocinar. Para o alienador existir, são necessárias a admiração e a devoção dos alienados; portanto, a figura do alienador não existe se não houver o alienado; é como o abusador e o abusado. O alienador e o alienado são o *yin* e o *yang* da ignorância humana. O mais triste é que os alienados de hoje tendem a ser alienadores no futuro, principalmente no que diz respeito à relação entre pais e filhos.

Os exemplos mais emblemáticos de alienadores são vistos na política, na qual em vez de um líder se tem um alienador de multidões. Na história recente, foram inúmeros os políticos populistas alienadores que arrastaram multidões sob a máscara da justiça social. Mas os alienadores não estão só na esquerda; também há inúmeros casos de alienadores de direita que fizeram barbáries. Se todo alienador tivesse um slogan, seria: "Eu tenho o antídoto para todos os males e sei o que é melhor para você: vem comigo!".

Também é comum ver líderes religiosos que cegam seus fiéis com promessas de salvação, prosperidade ou outra bandeira que, muitas vezes, é contrária aos preceitos básicos da própria religião que o líder professa. A prosperidade é natural e deve ser buscada por todos, mas utilizá-la como instrumento de manipulação é uma inversão de valores. Qual a sua relação com a sua religião hoje?

Vale lembrar que, na história do mundo, mais sangue foi derramado por alienação religiosa e fanatismo do que por disputas territoriais e políticas expansionistas. Portanto, é importante estarmos atentos às religiões que pregam o separatismo, o "nós e eles", os "os puros e os ímpios". Essa é a retórica de inúmeras religiões que, em vez de *religare* com o divino, preferem *alienare* um rebanho de ovelhas, que delegam o direito natural e inalienável do pensamento livre. Historicamente, esses alienadores religiosos só geraram a separação de famílias e de povos irmãos, deixando um rastro de sangue e ignorância, sempre ocultado por uma bandeira religiosa do "bem".

Os alienadores nem sempre são figuras políticas ou de poder. Na verdade, eles podem estar bem mais próximos do que pensamos. Isso pode acontecer, inclusive, em relacionamentos amorosos, pois a ideia de ser metade de outra pessoa é um forte indício de alienação. Um relacionamento só pode ter sucesso quando 1 + 1 resulta em dois, ou em três, com a geração de um filho. A verdade é que ½ + ½ totaliza 1, sendo que você é e sempre foi 1 antes mesmo de conhecer o seu cônjuge. Não existe "outra metade", existem duas pessoas que dividem um laço de amor e cumplicidade. Você sempre foi e sempre será um indivíduo, que, na raiz da palavra, quer dizer indivisível. Você pode e deve compartilhar sua vida com seu cônjuge, filhos e amigos, mas nunca deve acreditar que o mundo gira em função de outro; do contrário você será um forte candidato a alienado ou a alienador.

Os pais que se anulam para dar a vida que não tiveram a seus filhos tendem a se transformar em alienadores sem ter consciência disso. O desejo de criar filhos com conforto é nobre, e ser pai ou mãe implica absoluta dedicação e esforços. No entanto, quando esses esforços deixam de ser uma alegria e se tornam uma cruz, os pais costumam entregar "a conta" aos filhos com cobranças e sentimento de culpa: "Eu me sacrifiquei para você ir à faculdade, deixei de viajar, abandonei minha vida: você é um ingrato". Em resumo, a entrega à criação de um filho deve ser prioridade máxima, mas a autoanulação gera ressentimento, e a "conta" acaba sendo entregue ao filho.

Alienado pela sociedade

Se você sempre se vê obrigado a comprar o mais novo celular para sentir pertencimento, você provavelmente tem um grau de alienação. Se você sempre compra as roupas de marca que estão na moda, assiste aos mesmos programas e séries a que todos assistem, acredite: você tem algum grau de alienação. A obsolescência programada faz as pessoas trocarem o seu iPhone, o seu carro e outros pertences toda vez que surge um upgrade – isso é alienação por design.

O conceito de obsolescência programada por design foi criado por um antigo CEO da General Motors (GM), Alfred Sloan. Alfred teve a ideia de promover o carro não como um meio de transporte (como era o da Ford), mas como um símbolo de status e opulência. Então, a GM começou a mudar anualmente alguns detalhes e cores dos veículos para que os proprietários de modelos antigos se sentissem desatualizados e, obviamente, quisessem comprar o modelo mais novo. Essa estratégia funcionou tão bem que ainda hoje vivemos a obsolescência por design de forma muito intensa.

Vale lembrar que você é uma versão única, feita à imagem e semelhança do Criador, um ser único que não pode passar a vida se comparando a um grupo, pois isso vai contra a sua essência única. Use seu poder de criação para lançar modas, e não para se subjugar a elas. Lógico, todos sofremos algum tipo de influência e gostamos de pertencer a um grupo, isso é inerente ao ser humano. A dependência extrema de algo ou de alguém, no entanto, denota insegurança e alienação. Lembre-se da sábia frase: "Todo excesso esconde uma falta". Busque ser um pensador livre e desfrute de sua unicidade.

Qual o maior alienador hoje?

O maior alienador hoje, de longe, são as mídias sociais, com seu poder de distrair e entreter as massas. Cuidado para não se excluir do termo "as massas", pois todos somos parcialmente escravos digitais; eu me incluo nisso. O que poderia ser o maior instrumento de aquisição de conhecimento da história virou a televisão de hoje. A diferença é que a televisão ficava em casa, mas o celular você leva até para o banheiro. O TikTok, o Instagram, o Facebook e outras redes sociais se utilizam de poderosíssimos algoritmos para alienar você cada vez mais do seu verdadeiro poder de criação. É fácil começarmos a endeusar celebridades e a acreditar na falácia de uma vida perfeita.

Os jovens, principalmente, acreditam na falsa realidade de que o corpo deve ser sempre "sarado", os relacionamentos são perfeitos e o mundo é uma grande Disneylândia. Não caia nessa. O controle final ainda é nosso, e devemos selecionar bem a quem e o que seguimos. Há uma infinidade de informações, conteúdos e cursos maravilhosos grátis hoje em dia na internet, então faça uso das tecnologias ao invés de ser usado por ela.

A identidade perdida

Outra grande alienação é esquecer da nossa identidade divina. Não somos apenas animais racionais; há uma essência espiritual que anima o nosso corpo. O fato de podermos observar os nossos próprios pensamentos (metacognição) é uma evidência de que há algo além de um córtex frontal altamente desenvolvido. Acredite, não foi um cérebro altamente desenvolvido que nos deu os superpoderes de imaginarmos e cocriarmos tudo ao nosso redor. O que existe é uma alma que as outras espécies ainda não possuem de forma tão complexa e desenvolvida quanto a nossa. Isso não nos torna melhores do que as outras espécies; ao contrário, nos traz uma responsabilidade maior na gestão da nossa vida e do planeta como um todo.

A estrutura do nosso corpo físico pode ter tido um ponto em comum na divisão de humanoides e primatas, mas, em algum momento da evolução, recebemos uma alma que nos conecta diretamente com o Criador, permitindo-nos o dom da cocriação. A palavra *"anima"*, em latim, quer dizer "alma", e, por ora, os símios (macacos) ainda não a possuem em total plenitude, por mais graciosos e inteligentes que sejam. Eles têm uma essência divina, mas estão longe de ter a essência complexa que nos anima e nos permite o dom da cocriação.

Se o fato de formar uma pinça com o polegar e os dedos opostos fosse o grande diferencial evolutivo, os macacos teriam construído verdadeiras fortalezas na selva com as madeiras e os cipós disponíveis, criando conforto e fomentando a autopreservação. Nesse sentido, são mais inteligentes algumas espécies de pássaros que constroem as próprias casas e ninhos em meio às árvores. Isso sem contar os rituais de acasalamento superelaborados e inteligentes de algumas aves. Os próprios castores, sem fazer pinça, constroem barragens de até quinhentos metros de comprimento para se abrigar e se proteger de predadores. Certamente os castores inspiraram nossos antepassados na construção de represas, assim como os pássaros nos instigaram a conquistar os ares com os aviões.

Em suma, a inteligência e a sensibilidade animal existem e devem nos inspirar a termos cada vez mais respeito com o planeta e com toda a vida que nele existe. Não obstante, ensinar às crianças que nós evoluímos de um molusco acéfalo ou de um símio é um desserviço à humanidade e não faz jus à nossa identidade espiritual. Queremos que nossos filhos saibam de seu poder de imaginar e cocriar um futuro melhor para eles e para as futuras gerações. Queremos crianças empoderadas e responsáveis por um planeta sustentável; essa é a mensagem que precisamos transmitir.

Enquanto na natureza prevalece a "sobrevivência do mais apto", no mundo dos seres humanos triunfa aquele que aceita o seu dom de cocriador e coloca essa habilidade a serviço da construção de uma vida equilibrada e feliz para si, para os seus e para a sociedade. Já sabemos que músculos, tribos e armas não garantem mais a continuação da espécie, e sim ter ciência de nossos superpoderes espirituais de cocriação.

Curiosamente, o próprio Darwin acreditava em Deus quando embarcou no *HMS Beagle* para sua expedição de cinco anos pelo mundo, viajando inclusive pelo Brasil. No entanto, alguns anos após retornar, o falecimento de sua filha Anne Elizabeth Darwin, por tuberculose, criou uma revolta com Deus que ele nunca conseguiu superar. Além disso, Charles Darwin tinha um bloqueio com a figura paterna, pois seu pai, Robert Waring Darwin, era um médico rígido e bem-sucedido que tinha planos para que o filho seguisse seu exemplo na profissão e não se tornasse um "pesquisador qualquer". Mesmo com todos esses bloqueios envolvendo questões emocionais e espirituais, Darwin morreu se intitulando agnóstico, sem negar abertamente a existência de um Criador.

Se falarmos em termos de constituição do DNA, de fato, somos 99% iguais a um chimpanzé e muito próximos até mesmo de uma estrela-do-mar. Todos fazemos parte desta grande obra-prima e vivemos neste elaborado ecossistema. No entanto, devemos saber que nós, seres humanos, herdamos a Terra para administrá-la e fazê-la prosperar para as futuras gerações, o que inclui a preservação do planeta e de todas as espécies que nele habitam. Enquanto o material genético nos aproxima de todas as espécies, a responsabilidade da nossa autorrealização e da preservação de toda esta obra-prima é nossa.

Nós, seres humanos, ainda temos muita dificuldade em administrar o planeta devido a nosso egoísmo, falta de visão, imediatismo, cobiça, entre outros sentimentos pouco louváveis. Olhando por esse prisma, temos comportamentos muito piores do que muitos animais, mas isso não quer dizer que sejamos um animal racional. Nós somos os administradores da Terra e devemos nos desenvolver moral, emocional, espiritual e materialmente para termos sociedades mais funcionais e sustentáveis. A nossa incompetência como civilização não pode ser atribuída a sermos animais racionais, e sim ao fato de sermos almas pouco instruídas, cujo desenvolvimento moral vai a passos lentos, infelizmente.

Precisamos nos lembrar de que somos seres espirituais vivendo uma experiência material. Ou seja, nossa terra natal não é exatamente a Terra, muito menos Marte. No meu entendimento, estamos aqui apenas para o nosso desenvolvimento material, moral, emocional e espiritual. Mas, entre todas as várias esferas de aprendizado, a maior delas é a espiritual, pois quando dominamos essa esfera o restante vem como bônus. Precisamos, portanto, acessar nossa essência divina e agir usando o maior presente que Deus nos deu: o dom natural de cocriar a nossa realidade. Ao ativar a nossa identidade espiritual, todos os caminhos se abrem e o processo de cocriação se torna natural e cotidiano.

A arte de dizer "não"

Desde crianças, fomos instruídos a sermos gentis, agradar os mais velhos e reprimir nossos desejos e opiniões para não machucar os outros. Isso faz parte de um processo de socialização comum em todas as sociedades e que tem um grau de importância, como vimos no começo do livro. No entanto, esse modelo tende a criar adultos que não conseguem se colocar e serem assertivos, deixando que seus desejos e espaços sejam invadidos constantemente. Quem não sabe exercitar o "não" em seu dia a dia acaba se tornando um escravo das vontades alheias e um alienado emocional de terceiros. Ser o bonzinho à custa dos nossos sentimentos é um jogo perigoso e tende a tornar os desejos alheios maiores que os nossos próprios.

Dizer "não" é um delimitador de espaços que, quando usado com sinceridade e clareza, expressa um posicionamento seu que deve ser respeitado. Você não pode ser responsável pela reação de outras pessoas, mas é responsável por se posicionar e respeitar seus próprios desejos e opiniões. No mundo dos negócios, os empresários, líderes e profissionais de alta performance têm muito nítido que precisam dizer "não" às boas oportunidades para dizer "sim" às excelentes. Quanto maior o sucesso obtido nos negócios, mais pessoas chegam à sua porta com oportunidades "imperdíveis". A maturidade, o sexto sentido e o olhar clínico ajudam a separar o joio do trigo para que não se perca tempo e dinheiro em negócios que não darão frutos ou que estejam desalinhados com os seus valores. Como disse Steve Jobs: "Somente ao dizermos 'não' podemos nos concentrar nas coisas que realmente importam para nós".

A utilização do "não" como afronta, birra ou método sutil de vingança é um erro, pois o verdadeiro valor do "não" está em expressar a verdade de quem o diz, não em ofender ou afrontar. Para aqueles que têm dificuldade com essa atitude, os primeiros "nãos" podem ter resquícios de raiva e retaliação. Se você era uma pessoa que anteriormente se invalidava para agradar os outros, os primeiros exercícios podem incluir raiva e ressentimento. O pêndulo tenderá a ir ao outro extremo antes de chegar ao equilíbrio. Com a prática, você terá o "não" como uma ferramenta de crescimento não só para você, mas também para os outros que o recebem. A prática do "não" traz um fortalecimento interno para evitar qualquer tipo de alienação emocional em nossa vida, afastando pessoas tóxicas.

Aqueles que estão ao seu redor e não estão acostumados a ver você se posicionar tomarão um susto e poderão acusá-lo de estar "mudado" e "estranho". De fato, quando nos posicionamos e decidimos não aceitar coisas, pessoas, falas e atitudes que nos desagradam, podemos ser vistos como "frios", "apáticos", "estranhos", entre outros adjetivos pouco afetivos. Se você sempre foi aquela pessoa que engolia sapos, jogava panos quentes e não se posicionava, sua mudança será ameaçadora ou alarmante para alguns; isso é normal. Essas pessoas sentirão que perderam o controle de situações, ou mesmo o poder de controlar você. Não estranhe se falarem: "Nossa, estou chocado com a sua atitude", "Estou chocado com o que você falou". Quando isso ocorrer, o mais provável é que você tenha se tornado senhor de si e quebrado a alienação emocional que os outros tinham sobre você.

A reação de surpresa é bastante normal, pois as pessoas precisam de tempo para processar o seu amadurecimento. Com o tempo, no entanto, entenderão que você está mais consciente de si e verão que a mudança é positiva. Pode demorar, mas uma hora a ficha cai. Aprender a dizer "não" de forma educada e assertiva nas horas adequadas é um aprendizado que pode levar tempo, mas vale muito a pena. Por experiência própria, posso dizer que é uma das habilidades mais libertadoras que podemos aprender. Além disso, você só vai prosperar quando aprender a colocar o "não" a seu serviço. É uma das grandes ferramentas para nos libertarmos da alienação mental e emocional. Como disse Paulo Coelho: "Dizer 'não' nem sempre é falta de generosidade, assim como dizer 'sim' nem sempre é uma virtude".

Como utilizar o "não" de forma educada, mas assertiva?

Como mencionamos, há pessoas que realmente ficarão surpresas quando você se posicionar de forma assertiva. Examinemos algumas situações em que você pode exercitar o "não" educadamente, mas sem deixar margem a dúvida:

- **Convite de um amigo para ir ao shopping quando você não está a fim:**
  "Obrigado por lembrar de mim, mas hoje quero ficar em casa e relaxar."
- **Convite/cantada de um(a) colega de trabalho:**
  "Agradeço, mas eu realmente não tenho interesse."

- **Solicitação de última hora de um chefe para trabalhar no sábado:**
  "Eu realmente gostaria de ajudar, mas já fiz planos com a minha família. Pode ser sábado que vem?"

O "não" deve ser colocado em prática quando você sentir que está fazendo algo somente para agradar o outro. Não há nada de errado em agradar as pessoas de quem gostamos, mas tem horas em que não estamos com vontade, simples assim. Sinta em seu coração se o "não" está servindo ao seu ego ou à sua alma. Se o "não" estiver a serviço do ego e do orgulho, é sinal de que você ainda não dominou completamente a "arte".

Devo explicar o porquê do "não"?

Isso depende da ocasião e da pessoa, mas quando um "não" é recheado de desculpas e explicações, acaba passando dúvida sobre o seu posicionamento. É como aquelas pessoas que, para terminar o relacionamento, dizem: "A culpa é minha, na verdade você é maravilhosa(o)... O problema sou eu". Ora, se o relacionamento acabou, seja objetivo ao invés de ficar dando voltas com desculpas toscas. A verdade é que, na maioria das vezes, o término de um relacionamento é antecedido por grandes sinais já evidenciados por ambas as partes.

Em suma, seu posicionamento deve ser objetivo e, de preferência, sem explicações. Geralmente o "não" é uma oração completa, mas, se sentir a necessidade de alguma explicação, seja breve e objetivo. Explicações prolixas geram confusão e demonstram uma tentativa desesperada de minimizar o efeito do que foi falado. Expresse o "não" e banque o seu posicionamento.

Quando se trata de crianças, é imperativo utilizar o "não" de forma construtiva e, sempre que possível, com uma explicação bem fundamentada para que a criança entenda que o "não" é um objeto de amor, e não mero instrumento de poder. Nesse caso, explicações coerentes, carinhosas e breves são bem-vindas. O conceito de que há hora e lugar para tudo é um ensinamento importantíssimo para a criação de filhos equilibrados e saudáveis emocionalmente.

Dizendo "não" às atitudes improdutivas

Talvez o "não" mais difícil seja aquele que precisamos dizer a nós mesmos, e com frequência acabamos dando uma "escorregada". Além de ser um grande delimitador de espaços, o "não" às nossas recompensas imediatas é uma parte importante da inteligência emocional, conceito muito explorado por Daniel Goleman. A arte de dizer "não" a prazeres momentâneos para colher frutos duradouros em um futuro de médio ou de longo prazo é um grande termômetro para saber se teremos sucesso na busca de nossas realizações pessoais.

Um dos aspectos da inteligência emocional ressalta a importância de postergar gratificações momentâneas por resultados e recompensas maiores no futuro. No teste do Marshmallow, do psicólogo Walter Mischel, crianças são colocadas em uma sala monitorada, sentadas à mesa, e recebem um marshmallow com a seguinte instrução: "Vou te dar um marshmallow, mas, se você esperar eu retornar em alguns minutos sem comê-lo, vai ganhar um segundo marshmallow e poderá comer os dois".

Procure assistir ao vídeo no YouTube pesquisando por *teste do marshmallow*. É gracioso ver o "terrível dilema" ao qual as crianças são submetidas. Como é de esperar, os resultados são diversos, e algumas crianças, apesar da tentação, conseguem esperar o segundo marshmallow para finalmente degustar a recompensa em dobro. Embora haja debates se o teste é um retrato decisivo da personalidade futura da criança, o estudo demonstra que a habilidade de postergar recompensas imediatas por recompensas futuras pode ser identificada em crianças a partir dos quatro anos. Essa habilidade de postergar recompensas pode ser correlacionada com uma inteligência emocional maior na idade adulta, trazendo diversos benefícios para a vida pessoal e profissional desse indivíduo.

Por essa razão, precisamos desenvolver nossa musculatura emocional para conseguir dizer "não" a um chocolate fora de hora, a uma cerveja antes de dirigir, à preguiça na hora de fazer exercícios etc. Eu confesso que estou longe de ser um mestre das minhas atitudes e emoções, pois ainda não domino todas as áreas da minha vida com absoluta maestria. Mas vamos pensar, por exemplo, nos prejuízos que um romance extraconjugal pode custar a um casamento. Quantas pessoas com casamentos sólidos se renderam à tentação de um romance e colheram resultados desastrosos, que incluem brigas, ressentimentos, diluição de patrimônio, revolta de filhos, entre outros problemas?

Enfim, um "pequeno" deslize por um desejo imediato pode trazer resultados trágicos na construção de uma vida equilibrada. Isso não é uma condenação ou julgamento, apenas a observação das consequências que podem ocorrer quando não dominamos as nossas emoções.

Quando tomamos consciência das áreas em que precisamos nos fortalecer emocionalmente, podemos desenvolver estratégias para dizer "não" a prazeres imediatos e, consequentemente, criar uma vida mais equilibrada e feliz em longo prazo.

NA BUSCA DA EXCELÊNCIA VIRTUOSA

"A virtude está no meio-termo."

Aristóteles, fundador do Liceu, do estudo da ética na filosofia e cofundador da filosofia ocidental

O filósofo Aristóteles foi o primeiro grande pensador a sistematizar um estudo sobre as virtudes humanas e a tratar a ética como um estudo dentro da filosofia. Segundo ele, a única finalidade do ser humano é ser feliz e pleno. Para alcançar essa autorrealização, Aristóteles reitera a necessidade de vivermos uma vida virtuosa. Ele acreditava que a virtude está no equilíbrio entre dois extremos e que precisamos, conscientemente, converter essas virtudes em hábitos cotidianos. Uma vez que dominamos esses hábitos, alcançamos o que ele chama de "excelência virtuosa".

Em resumo, para Aristóteles a plenitude não é conquistada meramente por meio da contemplação da natureza ou por meio de uma filosofia. A "excelência virtuosa", ou plenitude, é o resultado de um esforço consciente que só é atingido na prática diária de hábitos equilibrados, levando o indivíduo à felicidade, chamada de *eudaimonia* em grego.

Com extrema sabedoria, Aristóteles colocou que o que separa uma virtude de um defeito é, muitas vezes, a intensidade na qual vibramos. Ele dizia que a virtude poderia facilmente se tornar um vício por excesso ou por falta. Façamos a seguir um exercício para avaliar se nossos hábitos estão na virtude (meio-termo), no "vício por falta" ou no "vício por excesso".

Circule o estágio em que você se encontra no momento.

VÍCIO POR FALTA				VIRTUDE			VÍCIO POR EXCESSO		
Covardia				Coragem			Imprudência		
1	2	3	4	5	6	7	8	9	10
Desinteresse				Ambição			Ganância		
1	2	3	4	5	6	7	8	9	10
Desleixo				Autocuidado			Vaidade		
1	2	3	4	5	6	7	8	9	10
Desvalorização				Autoestima			Arrogância		
1	2	3	4	5	6	7	8	9	10
Indiferença				Entusiasmo			Euforia		
1	2	3	4	5	6	7	8	9	10
Esbanjamento				Economia			Avareza		
1	2	3	4	5	6	7	8	9	10
Egoísmo				Generosidade			Abnegação		
1	2	3	4	5	6	7	8	9	10
Apatia				Serenidade			Ansiedade		
1	2	3	4	5	6	7	8	9	10
Reatividade				Proatividade			Precipitação		
1	2	3	4	5	6	7	8	9	10
Lentidão				Agilidade			Pressa		
1	2	3	4	5	6	7	8	9	10
Antipatia				Simpatia			Espalhafato		
1	2	3	4	5	6	7	8	9	10

Anote agora num caderno as 3 áreas em que teve melhores resultados e as 3 áreas em que precisa melhorar.

Como foram os seus resultados nesse exercício? O mais importante é você criar a consciência de onde você está no momento e onde deseja chegar. Não seja muito duro com você, afinal de contas, a excelência virtuosa é um alvo a ser trabalhado durante toda a nossa vida. Se puder, anote as áreas principais em que você precisa se desenvolver mais. Ao mesmo tempo, se dê um "tapinha nas costas" para se parabenizar pelas áreas em que teve um bom desempenho.

É absolutamente fascinante pensar que, há mais de 2.300 anos, Aristóteles se deu conta de que a virtude e o vício são primos-irmãos. Ou seja, é muito mais fácil do que pensamos uma virtude se transformar em defeito e vice-versa. Eu, por muitos anos, tive o que chamo de "síndrome do burro de carga", que é a vontade de ajudar o próximo, mas à custa do nosso próprio bem-estar. É aquela vontade de agradar para ser o "cara bonzinho", misturada com um desejo genuíno de ajudar. Naturalmente, essa atitude deixa de ser uma virtude, pois Aristóteles chamaria esse comportamento de "vício por excesso". Em suma, apesar de buscar o bem alheio, o comportamento acaba sendo negativo para nós mesmos.

Quando, finalmente, me dei conta da minha "síndrome de burro de carga", percebi que é maravilhoso ajudar os outros, desde que eu esteja bem e de que essa atitude não me prejudique. E mais: que seja feito de coração, e não somente para agradar e parecer "o bonzinho". Ser bom e justo é maravilhoso, mas ser "bonzinho" é sinônimo de ser otário.

É por isso que Aristóteles enfatizava que é pela prática que desenvolvemos um caráter sólido e equilibrado. Ainda não vi muitas pessoas que eu possa chamar de seres equilibrados e de luz, muito menos eu. Entretanto, o importante é termos essa busca incansável por melhorarmos a cada dia.

Um dos exercícios mais produtivos que já vi para nos avaliarmos é fazer um "inventário pessoal". Temos que ser bastante objetivos para listar tanto os ativos quanto os passivos, ou seja, os aspectos positivos e os desafiadores da nossa personalidade. Todos nós temos um bom mix de aspectos positivos e negativos, e, quanto mais cientes estivermos deles, mais fácil ficará melhorarmos o mix. Como vimos com a ética aristotélica, às vezes um pequeno ajuste converte um "vício" em "virtude".

Ao fazer o inventário, você poderá desenvolver estratégias para fortalecer um aspecto positivo ou para minimizar um aspecto desafiador de sua personalidade. Quanto mais virtudes desenvolvermos, mais próximos estaremos do que Aristóteles chamava de "excelência virtuosa".

Façamos agora um breve inventário pessoal.

INVENTÁRIO PESSOAL

Qualidades	Desafios / "Defeitos"

A CHAVE MESTRA DO LIVRE-ARBÍTRIO

> *"Por meio da nossa consciência e do nosso livre-arbítrio, todos temos o direito de viver como escolhemos."*
>
> Barack Obama, 44º presidente dos Estados Unidos

É normal algumas pessoas acreditarem em destino, mas na verdade temos muito mais controle sobre os resultados da nossa vida do que imaginamos. Digo isso com base não apenas na transformação que é possível vivenciar por meio do Método RFID, mas também pelo conceito do livre-arbítrio.

Reitero que este livro não tem nada de religiosidade e muito menos a intenção de propor verdades absolutas. Embora eu não siga nenhuma religião formal, tenho profundo amor pelas mensagens do Mestre Jesus e tomo a liberdade de utilizá-las para postular que temos o livre-arbítrio e o poder de cocriar dentro das Grandes Leis do Universo. Além disso, acredito que a Bíblia é um livro de sabedoria milenar e, seja você cristão ou não, traz aprendizados importantíssimos sobre as relações humanas e, inclusive, sobre a prosperidade.

Confesso que, ao ler os ensinamentos de Buda, Lao Tzu e outros filósofos, também encontrei grande sabedoria. Entretanto, por estar mais familiarizado com o cristianismo, me atenho a essa perspectiva.

A formação religiosa que recebi na minha juventude foi cristã, e fui ensinado que a vontade divina ou o destino eram traçados por Deus, ou seja, havia algo preparado para minha vida. Não era incomum ouvir parentes dizerem que Deus já tinha tudo planejado. Entretanto, com algum estudo e bastante reflexão, hoje entendo que temos muito mais a dizer sobre a nossa vida e nossos resultados do que se imagina.

Para reiterar o poder do nosso livre-arbítrio, utilizo aqui a parábola dos talentos e algumas citações bíblicas para ilustrar que não só temos o livre-arbítrio como o Criador nos quer ver utilizá-lo para a multiplicação de dons, talentos e recursos em geral. O Mestre Jesus explica com grande lucidez a necessidade de multiplicarmos nossos dons na parábola dos talentos, deixando evidente que cada um dos servos exerceu o livre-arbítrio ao fazer a sua escolha. O termo "talento" na época se referia a uma moeda, mas, curiosamente, também pode ser aplicado aos nossos talentos, habilidades ou dons. Também podemos pensar no talento como a habilidade de multiplicar conhecimentos, de empoderar pessoas ou mesmo de despertar a fé delas.

Quando li pela primeira vez a parábola dos talentos, aos doze anos, quase entrei em parafuso. Me pareceu que o senhor que havia distribuído os talentos era muito cruel. Se o "senhor" na parábola é uma metáfora para Deus ou para a inteligência infinita, não fazia sentido castigar de forma tão severa aquele servo que guardou o talento (dinheiro) e não o multiplicou. Hoje, no entanto, entendo que a metáfora é um ensinamento corretíssimo e muito valioso. Vou resumir a parábola, a fim de refrescar a memória dos que a conhecem ou revelá-la ao leitor que talvez não a conheça.

Um senhor, ao sair de viagem, chamou seus três servos e lhes deixou os seus bens (oito talentos) para que cuidassem. Por conhecer bem os servos, o senhor deu os talentos de acordo com a capacidade de cada um. Um deles recebeu cinco talentos e logo os aplicou e ganhou mais cinco. Outro servo, que recebeu dois talentos, também os aplicou e recebeu mais dois. O que havia recebido somente um cavou um buraco no chão e o escondeu. Ao voltar de viagem, o senhor veio pedir satisfação do dinheiro que lhes havia confiado.

Aos dois primeiros servos, que tinham recebido cinco e dois talentos, o senhor se agradou pelo fato de terem dobrado o capital e disse: "Muito bem, servo bom e fiel! Você foi fiel no pouco, eu o porei sobre o muito. Venha e participe da alegria do senhor!".

O terceiro, que havia recebido somente um talento, reportou ao senhor: "Tive medo, saí e escondi o seu talento no chão. Veja, aqui está o que pertence ao senhor". A resposta do senhor foi o que me chocou aos doze anos: "Servo mau e negligente... você devia ter confiado o meu dinheiro aos banqueiros para que, quando eu voltasse, o recebesse com juros. Tirem o talento dele e entreguem-no ao que tem dez. Pois a quem tem mais lhe será dado e terá em grande quantidade. Mas a quem não tem, até o que tem lhe será tirado. E lancem fora o servo inútil...". UAU!

É plausível dizer que a parábola relata que recebemos "talentos", "dons", "o poder da cocriação", e se não os utilizarmos, eles atrofiam e trazem resultados indesejáveis. Quando colocamos em prática nossos talentos e dons, nosso poder de realização fica maior, multiplicando as bênçãos em nossa vida e na daqueles ao nosso redor. Como disse Jesus sobre o servo que soube multiplicar: "Pois a quem tem mais lhe será dado".

Nessa parábola, assim como em inúmeros outros trechos bíblicos, é a decisão do indivíduo que gera o resultado final.

Fico surpreso com o número de pessoas que acreditam que o Criador simplesmente concede arbitrariamente sorte a uns e infortúnio a outros. Se o Criador é justo, não poderia dar alegria a um e dor a outro sem que houvesse uma razão para isso. Se esses sofrimentos advêm de outras vidas para nos purificar, não posso afirmar, embora a teoria tenha fundamento se nos basearmos na lei universal de causa e efeito. De qualquer forma, o importante é nos apoderarmos do poder de cocriação e fazermos o melhor que pudermos com as ferramentas e dons que temos nesta vida.

Não tenho dúvidas de que existem "cartas marcadas", ou seja, acontecimentos que ocorrem em nossa vida sem uma explicação óbvia ou uma correlação com uma ação prévia. Minha infância certamente não foi exatamente o que eu planejava, mas me coube o uso do livre-arbítrio para transmutar desafios em crescimento e oportunidades. Por meio de perseverança, estudo, trabalho e oração, transmutei dores existenciais em força, coragem e empatia.

Em relação à minha filha, por exemplo, entendo que ela é o melhor presente que eu poderia ter recebido. Ela trouxe à minha família muito amor, resiliência, crescimento moral... e triplicou a minha fé. Mas foi uma decisão consciente lutar até o fim, pois muitos teriam sucumbido à dor inicial ou "comprado" a ideia de que a Giovanna não passaria do sexto mês de vida. O falecimento de minha mãe e de minha irmã, embora muito dolorido, me despertou para o estudo da vida emocional e espiritual, e continuo a ser um estudante. Em suma, embora não tenhamos 100% de controle sobre os acontecimentos, temos 100% de controle sobre como vamos reagir aos acontecimentos inusitados ou às "cartas marcadas", se você preferir. Como disse Charles

R. Swindoll: "A vida é 10% o que acontece conosco e 90% como reagimos a esses eventos".

Reiterando o nosso poder de livre-arbítrio, reflitamos sobre as palavras de Paulo de Tarso: "E isto afirmo: aquele que semeia pouco, pouco também ceifará; e o que semeia com fartura, com abundância também ceifará" (II Coríntios 9, 6). Essa é a lei da semeadura, a lei da ação e reação. Em Romanos 2, 6-8, Paulo valida novamente o nosso poder de livre-arbítrio: "Deus retribui a cada um conforme seu procedimento". Em suma, Deus não retribui aos "escolhidos", e sim "conforme seu procedimento". Em Provérbios 13, 4, há outra menção à importância da nossa atitude perante a vida: "O preguiçoso deseja e nada consegue, mas os desejos dos diligentes são amplamente satisfeitos". Finalmente, em Provérbios 14, 23, reitera-se novamente a necessidade de usarmos nosso livre-arbítrio: "Todo trabalho árduo traz proveito, mas o só falar leva à pobreza".

Em síntese, é impossível desassociar o uso do nosso livre-arbítrio do sucesso ou do fracasso. Em vista disso, sejamos produtivos e conscientes das ações que nos levam ao progresso e à prosperidade. Tenhamos cuidado ao dizer "é a vontade de Deus", pois nos isentarmos da nossa responsabilidade e lavar as mãos é bastante conveniente, mas pouco produtivo. Se fosse puramente a vontade do Criador que regesse nosso planeta, acredite, não haveria certas calamidades como fome, estupros, assassinatos, guerras, órfãos, doenças e assim por diante. Façamos a nossa parte, dentro das nossas possibilidades e do nosso nível de conhecimento, sem terceirizar o que é de nossa responsabilidade.

AS SETE ÁREAS DA SUA VIDA ESTÃO EM EQUILÍBRIO?

> "*Equilibrar o trabalho e a vida pessoal é certamente um dos maiores desafios da modernidade.*"
>
> Stephen Covey, autor de
> Os 7 hábitos das pessoas altamente eficazes

A maioria de nós já deve ter visto um daqueles espetáculos circenses que começam girando um prato e aos poucos se colocam outros pratos que devem se manter girando durante o show. Essa é uma analogia bastante precisa para a nossa vida, pois temos várias áreas-chave que devem estar em equilíbrio para sermos realmente bem-sucedidos. Agora que já fizemos o nosso inventário pessoal, é hora de avaliarmos se todas as áreas da nossa vida estão equilibradas.

Para termos uma vida equilibrada, precisamos ter uma boa performance nestas sete áreas: **profissional**, **financeira**, **afetiva**, **lazer**, **saúde**, **emocional-espiritual** e, finalmente, **legado**. Você pode adicionar outras áreas que sejam importantes para você, mas ao equilibrar essas sete áreas você estará muito acima da média da população. Vamos agora discutir brevemente essas sete áreas, e posteriormente você fará uma autoavaliação para eleger quais delas serão prioridade na aplicação do Método RFID.

Área profissional

A área profissional tem um grande peso, pois estamos em um mundo cada vez mais competitivo e que nos cobra uma alta performance constante. Essa área também tem uma ligação forte com a nossa autorrealização, pois passamos pelo menos um terço da vida nos dedicando a ela. Diante desse fato, precisamos ter um planejamento de carreira para os próximos cinco ou dez anos e, se possível, exercer uma profissão que agrade não só ao bolso, mas também ao coração.

Além disso, é importante dosarmos a nossa área profissional, pois ela costuma ser a que mais desequilibra as demais, justamente por ser a que recebe maior investimento de tempo.

Área financeira

A área financeira diz respeito às nossas finanças e economias para o futuro, que podem incluir gastos com filhos na faculdade, economias para desafios na saúde, imprevistos que possam ocorrer e, não menos importante, uma reserva que nos garanta uma aposentadoria confortável. Essa área é prima-irmã da profissional, mas o sucesso na área profissional não implica necessariamente o sucesso financeiro, já que muitas pessoas não têm a cultura de economizar e investir. O crédito fácil e abundante faz as pessoas gastarem mais do que ganham e pagarem juros altos em aquisições que não necessariamente são prioridades. Não sou um *expert* em investimentos, mas há inúmeros profissionais que podem aconselhá-lo sobre como se preparar para o futuro e equilibrar suas contas caso esteja com dívidas.

A regra mais básica é: gaste menos do que ganha e aplique o que economizar em investimentos seguros de longo prazo. Harv Eker, em seu livro *Os segredos da mente milionária*, menciona a necessidade de economizar até 40% do que se ganha, separando as economias em diferentes "potes": um para a aposentadoria, um para viagens e lazer, um para a educação etc. Honestamente, me parece audacioso demais pedir isso de pessoas que nem sequer têm disciplina para chegar até o final do mês com o que ganham. Portanto, meu conselho é começar economizando 10% de tudo o que se ganha em um mês.

Eker fala de um conceito muito sábio: "Pague a si mesmo primeiro". Ou seja, esses 10% ou mais que você estipulou para economizar são o primeiro "pagamento" que fará todo mês. Imagine que esse valor é um boleto que deve ser pago antes de qualquer outro compromisso que tenha. Uma vez que consiga economizar 10% em um investimento de longo prazo e de baixo risco, é hora de dar mais um passo criando um segundo "pote" para economizar ainda mais.

Área afetiva

A área afetiva inclui família e amigos. Eu a chamo de a "área do coração". Certamente é difícil pensar em ser feliz se essa área não estiver bem preenchida. O núcleo da área afetiva compõe-se de cônjuge e filhos, mas não precisa necessariamente ter esse formato. Você pode ser casado sem filhos ou pode se realizar com um bom grupo de amigos; há diferentes formas de preencher a área afetiva. O importante é criarmos tempo para cultivar o relacionamento com o nosso parceiro ou parceira, com os filhos e com os amigos. Como falamos, às vezes a área profissional sorrateiramente rouba o espaço da nossa vida pessoal, e, consequentemente, os relacionamentos enfraquecem. Os relacionamentos precisam ser cuidados pois, assim como as plantas, nossos vínculos interpessoais precisam ser regados constantemente para se manterem saudáveis.

Quando falamos sobre a criação de filhos, o papel da mulher ainda hoje é maior que o do homem. Na maioria das sociedades de hoje, a mulher tem uma carreira, tem a maior responsabilidade na criação dos filhos e, como se não bastasse, ainda é cobrada para se manter linda e em forma. Haja força! Felizmente, muitos homens já entenderam que precisam ser mais participativos na educação e nos cuidados com os filhos. A boa comunicação e a divisão das tarefas referentes à criação dos filhos e aos afazeres domésticos ajudam a manter o relacionamento do casal mais saudável e sem ressentimentos de uma das partes.

Área do lazer

A área do lazer (ou dos hobbies) precisa ser preservada para termos uma vida equilibrada. Independentemente de quais sejam os seus hobbies, é imprescindível que você tenha um tempo para espairecer e se desconectar das pressões do dia a dia. Os hobbies podem incluir desde a prática de esportes até maratonar séries; não existe um hobby certo ou errado. O ponto-chave é conseguirmos desligar a mente de atividades relacionadas ao trabalho e termos atividades que recarreguem a nossa bateria.

Caso você tenha família e consiga incluí-la em seus hobbies ou lazer, melhor ainda. Dessa forma você estará recarregando a bateria e cuidando do relacionamento familiar ao mesmo tempo. Se conseguir conciliar dois em um, excelente; do contrário, crie momentos para se descontrair e se fortalecer mentalmente. O fato de termos tempo para um hobby, ou mesmo para não fazer absolutamente nada, nos revigora e promove relacionamentos afetivos mais sadios e uma melhor performance em nossas profissões.

Área da saúde

A área da saúde é o pilar de todas as outras, pois sem saúde as outras áreas da nossa vida serão duramente afetadas. De que adianta termos milhões na conta se não tivermos saúde para desfrutar dessa quantia? O dinheiro pode garantir excelentes tratamentos, mas às vezes nem todo o dinheiro do mundo consegue recuperar a nossa saúde.

Considerando a relevância dessa área, precisamos ter um olhar muito atento aos sinais do nosso corpo e evitar sobrecarregá-lo. O corpo é uma máquina perfeita, mas sempre temos um elo fraco que, após um estresse excessivo, acaba sucumbindo e adoecendo. Esse estresse pode ser tanto físico quando mental, ou seja, se sobrecarregarmos um músculo, acabaremos tendo uma distensão. Da mesma forma, se passarmos por muito estresse emocional, a mente pode ser afetada e podemos desenvolver algum distúrbio emocional. Isso sem falar em *burnout*, depressão e síndrome do pânico, que hoje são muito mais comuns do que imaginamos. Falaremos um pouco mais desse tema quando abordarmos a área "emocional-espiritual".

Todos nós trocamos nosso tempo por uma remuneração ou o empregamos como investimento em um futuro mais próspero. Mesmo como empresário, eu vendo ou troco meu tempo para receber meu *pró-labore*. Um investidor na bolsa ou *day trader* também troca seu tempo por possíveis ganhos financeiros. Em suma, seja pouco ou muito, de alguma forma todos nós trocamos nosso tempo e habilidades por uma remuneração, salvo se formos financeiramente independentes. Até aqui, nada de errado: essa troca é normal e saudável. O problema se instala quando começamos a trocar nossa saúde por dinheiro ou por uma remuneração.

Sempre fui a favor de fazer mais que o combinado no trabalho. Nos primeiros cinco anos da minha empresa, trabalhei pelo menos 72 horas por semana. Em todas as empresas pelas quais passei, também sempre fiz mais que o combinado. Em resumo, julgo normal entregarmos uma alta performance, mas trocar a saúde por dinheiro é um jogo muito perigoso. A partir do momento em que você não gosta mais do seu trabalho ou percebe que sua saúde está em declínio, é hora de parar e avaliar os prós e os contras do seu cargo ou do empreendimento.

Uma dieta equilibrada também é um dos segredos de uma boa saúde, portanto evite o excesso de gordura, muita carne vermelha, açúcares e alimentos processados. Sempre que possível, fuja de alimentos com farinha branca e glúten, como pães, macarrão e arroz branco. Esses alimentos são pobres nutricionalmente e podem produzir diversas alergias que às vezes você nem sabe que tem. Obviamente, isso deve ser feito sem grande radicalismo, pois é bom se permitir comer coisas não saudáveis de vez em quando. Há muita controvérsia sobre o leite, mas o que é sabido é que um grande número de pessoas é intolerante à lactose em diferentes graus. Portanto, avalie se o consumo de leite e laticínios lhe faz bem ou não. Se lhe causar desconforto na digestão, tente produtos sem lactose ou retire os laticínios de sua dieta.

Apesar da correria do nosso dia a dia, procure sempre incluir uma boa "dose" de folhas, legumes, grãos e frutas em sua dieta, pois isso ajuda a manter o intestino mais limpo e com maior poder de absorção de nutrientes. Se puder, consulte um nutricionista que desenvolva uma dieta específica para contribuir com o seu bem-estar e alta performance.

Finalmente, sete a oito horas de sono são muito aconselháveis. Se você está estudando ou trabalha em uma empresa que exige picos de alta performance, às vezes é preciso diminuir as horas de sono. Faz parte do jogo! Mas os picos de alta demanda física e mental devem ser seguidos por períodos de desaceleração. Fazendo uma analogia do corpo humano com um carro, nenhum motor foi feito para rodar sempre em alto giro. Se dirigirmos um carro com as rotações por minuto (RPM) lá em cima, a vida útil do motor será comprometida.

Lembre-se de que o ativo mais democrático e equalitário que existe no mundo é o tempo. Tanto Jeff Bezos quanto você e eu temos as mesmas 24 horas, portanto a boa gestão do tempo é fundamental. Comprometa-se com a alta performance, mas tenha o bom senso de desacelerar ou mudar de estratégia quando for necessário.

Área emocional/espiritual

A área emocional/espiritual foi e será coberta em vários momentos ao longo do livro, pois esse é um aspecto extremamente importante para uma vida equilibrada e, principalmente, para o sucesso profissional e financeiro. Coloco o aspecto espiritual em conjunto com o emocional por entender que ambos andam de mãos dadas. Caso você não acredite em questões espirituais, leve em consideração apenas as observações sobre o emocional.

O nosso emocional está diretamente ligado ao físico (e ao espiritual), pois o corpo e a mente estão diretamente interligados. O ditado "mente sã, corpo são" é uma meia-verdade, pois para uma mente sã também é necessário um corpo são, é uma via de mão dupla. Hoje a ciência nos traz muitas informações sobre o fato de os exercícios físicos aumentarem a produção de endorfina, melatonina e serotonina, hormônios associados à sensação de bem-estar e alegria. Enquanto a serotonina está diretamente relacionada ao bom humor, a melatonina se relaciona a um sono de qualidade, e ambos são equilibrados por meio de uma boa dieta, exercícios e uma atitude positiva.

O otimismo é um fator emocional imprescindível para uma vida equilibrada e para alcançar excelentes resultados. Inúmeros estudos relatam que aqueles que são mais otimistas tendem a obter melhores resultados. Por quê? O conceito é bastante óbvio e não precisaríamos de estudos para entender o fenômeno: se você acredita que algo é possível (otimista), se engaja mais e, consequentemente, aumenta a chance de conquistar o seu objetivo. Em contrapartida, o pessimista não se empenha com tanto afinco, pois em sua mente a possibilidade de vitória é baixa. E mais: os pessimistas são sempre os primeiros a "jogar a toalha" e desistir de seus objetivos. Em suma, ser otimista ou pessimista acaba gerando uma autoprofecia.

Área do legado ou contribuição

O legado diz respeito à contribuição que queremos deixar para a nossa família ou para a sociedade como um todo. Em essência, é a nossa colaboração para um mundo melhor. Esse legado pode ser uma virtude ou ações a serem lembradas pelos nossos filhos ou até mesmo pela sociedade como um todo. Podemos lembrar, por exemplo, do legado deixado por grandes nomes da história, como Gandhi, Nelson Mandela ou Martin Luther King. No caso dessas três grandes figuras da história, o legado deixado foi um movimento pacífico por uma sociedade mais livre, justa e isenta de segregação racial. Embora suas ações tenham ocorrido em três países distintos, o seu legado e força filosófica ecoaram nos quatro cantos do mundo, empoderando pessoas de diferentes grupos étnicos e de diferentes gerações.

O legado, obviamente, não precisa ter a magnitude dessas três ilustres figuras, pois esses foram indivíduos muito fora da curva e que mudaram o curso da história. Muitas vezes o legado pode ser simplesmente um pai deixar aos filhos um senso de justiça, honestidade e bondade. Pode ainda ser a contribuição de um funcionário público ao servir de forma impecável os cidadãos do seu país. Quanto maior a abrangência de um legado positivo, melhor.

Nos Estados Unidos existe um conceito que eles chamam de *give back*, ou seja, dar de volta à sociedade. Desde Andrew Carnegie, o magnata do aço no século XX, até Bill Gates e Warren Buffet nos dias de hoje, todos têm em comum um compromisso de devolver à sociedade parte do que conquistaram por meio de instituições, programas sociais e filantropia em geral. Gosto muito da frase a esse respeito do poeta inglês John Doone: "Nenhum homem é uma ilha, isolado em si mesmo; todo homem é parte do continente, é parte de um todo".

O que o poeta John Doone relata de forma deslumbrante é que todos fazemos parte de um grande ecossistema e que não existe o "lá fora", pois estamos todos dentro do mesmo Universo e vivendo experiências muito mais similares do que diferentes. Por estarmos todos interligados de forma sutil, pensar no próximo é essencialmente pensar em si mesmo. Portanto, fazer pequenas ou grandes contribuições eleva a frequência do planeta como um todo. Talvez você ainda seja jovem para pensar sobre isso, mas imagine como gostaria de ser lembrado por familiares e quais contribuições você pode aportar para criar um mundo melhor.

Agora que vimos as sete áreas do sucesso, ou da roda da vida, avalie como você está em cada área e quais ações precisa trabalhar para desenvolver uma vida mais equilibrada. Avalie com uma nota de 1 a 5 cada área, atribuindo 1 para um resultado muito baixo e 5 para um resultado excelente.

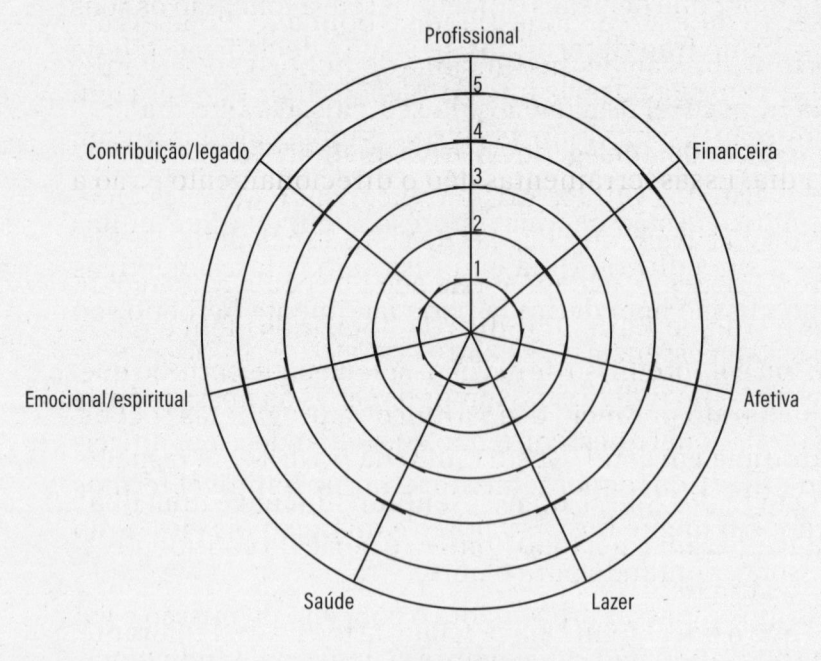

Roda da Vida

VALORES, A FUNDAÇÃO DO NOSSO CARÁTER

"Os seus valores internos são crenças enraizadas que descrevem a sua alma."

John C. Maxwell, escritor norte-americano

Agora que você pôde avaliar e refletir sobre algumas de suas crenças, é hora de colocar no papel quais são os valores pessoais que irão reger a sua vida. Você provavelmente já conhece a maioria deles, mas é importante colocar no papel para que fique bastante evidente quais diretrizes irão guiar suas decisões.

Sempre que decisões difíceis vierem à tona, são os seus valores que irão determinar se a suas decisões estão de acordo com sua bússola interna ou não. Toda empresa tem sua missão e seus valores escritos e incorporados no seu dia a dia. Essas ferramentas dão o direcionamento e são a base para a gestão de uma empresa, além de ditar muitas vezes a sua cultura. Uma empresa sem valores objetivos e uma missão bem definida pode facilmente perder o seu foco e a sua essência.

Nós, como indivíduos, somos os CEOs da nossa própria vida profissional e pessoal, tendo que tomar decisões difíceis a cada dia. Consequentemente, é imprescindível termos sempre em mente nossos valores e missão, pois eles serão a bússola apontando para o norte.

Vamos repassar brevemente o conceito de missão e valores, pensando não como empresa, mas como indivíduos:

- **Missão:** a missão estabelece o que você deseja aportar para o mundo e para aqueles ao seu redor. É a razão da sua existência, a utilização de seus dons para o bem maior; é aquilo que lhe faz feliz e que traz um sentido de autorrealização. Ao ganharmos maturidade, descobrimos que nossa missão como cidadãos do mundo não é apenas acumular bens materiais, mas sim nos autorrealizarmos ao compartilhar os nossos dons com o mundo.
- **Valores:** os nossos valores, como os artigos da constituição de um país, são as leis supremas que devem ser seguidas. Sempre que houver momentos de atribulação e discórdia interna ou externa, devemos nos voltar às leis supremas e rever quais as diretrizes que devem ser seguidas. Portanto, seus valores devem ser bastante objetivos, uma vez que eles estabelecem o mapa de conduta para sua vida.

Pense nos valores como a fundação na construção de uma casa. Se eles forem sólidos, a construção como um todo (missão pessoal e objetivos) também será sólida e confiável. Portanto, a missão deve sempre estar pautada em valores sólidos e duradouros. Antes de escrever sua missão, vou ajudar você a relacionar quais os valores que deseja ter como base da sua conduta hoje e sempre.

Leia com atenção os conjuntos de valores a seguir e circule os que mais têm a ver com você. Alguns deles podem já fazer parte da sua vida, outros podem ser valores que você gostaria de incorporar como parte da sua lei suprema.

1. Certeza / Segurança / Estabilidade / Controle / Organização

2. Coragem / Ousadia / Inovação / Dinamismo
3. Criatividade / Imaginação / Originalidade / Criação
4. Autodesenvolvimento / Superação pessoal / Força interior
5. Patriotismo / Posicionamento e engajamento político
6. Proteção ativa da natureza, do meio ambiente e dos animais
7. Disciplina / Mérito próprio / Depender de si / Eficiência
8. Bem-estar / Saúde / Vitalidade / Energia
9. Senso de justiça / Ética / Integridade
10. Excelência / Perfeição / Exatidão / Maestria
11. Exploração / Aventuras / Riscos / Ousadia / Liberdade
12. Vida pela família / Dedicação aos filhos
13. Fama / Beleza / Glamour / Status
14. Cooperação / Trabalho em equipe / Parceria / Equipe
15. Obstinação e empenho de vida para dominar um tema
16. Fé / Princípios / Espiritualidade
17. Honestidade / Sinceridade / Transparência / Autenticidade
18. Diversão / Alegria / Humor / Leveza
19. Inteligência / Amor ao estudo / Conhecimento
20. Respeito / Honra / Orgulho / Dignidade
21. Formalidade / Estrutura / Tradição / Ordem
22. Bondade / Gratidão / Serviço ao próximo / Filantropia / Legado
23. Inovação / Novidades / Aventuras / Descobertas / Invenções
24. Crescimento pessoal / Autoconhecimento / Equilíbrio
25. Crescimento profissional / Avanço financeiro
26. Patriotismo
27. Saúde / Esportes / *Fitness* / Competições
28. Sofisticação / Fineza / Beleza / Elegância / *Finesse*
29. Liderança / Autogoverno / Autonomia

30. Uso do poder mental / Poder de criação / Cocriação
31. Trabalho árduo / Determinação / Performance
32. Livre-arbítrio / Poder de escolha / Autonomia
33. Pureza / Transparência / Inocência
34. Promover a saúde mental e sua conscientização
35. Excelência virtuosa / Autocontrole
36. Viajar / Conhecer novas culturas / Aprender outros idiomas
37. Música / Pintura / Arte
38. Empoderamento de pessoas e formação de líderes
39. Diplomacia / Educação / Pacificação / Conciliação
40. Sabedoria / Equilíbrio / Bom senso / Justiça
41. Erotismo / Paixão / Sensualidade / Sexo
42. Ensinar / Educar / Compartilhar o conhecimento / Formar pessoas
43. Desapego / Humildade / Simplicidade / Menos é mais
44. Entusiasmo / Otimismo / Autoconfiança / Alegria
45. Harmonia / Equilíbrio / Leveza / Paz
46. Poder / Status / Controle / Influência
47. Racionalidade / Fatos / Objetividade / Razão
48. Compreensão / Paciência / Compaixão / Tolerância
49. Estabilidade financeira / Independência financeira
50. Inclua outro(s) conjunto(s) de valores que não tenha encontrado na lista

Agora veja os exemplos a seguir e preencha as dez linhas com um ou mais valores dos que você circulou antes. Conforme o exemplo seguinte, use de 1 a 3 valores para criar cada um dos dez artigos da sua "constituição pessoal":

Conjunto de valores: Compreensão / Paciência / Compaixão / Tolerância

Exemplo 1: Eu me comprometo a ser paciente e a ter compaixão com as pessoas ao meu redor.

Conjunto de valores: Sabedoria / Equilíbrio / Bom senso / Justiça

Exemplo 2: Eu me comprometo a viver com sabedoria, equilíbrio e senso de justiça.

1. Eu me comprometo a _____
2. Eu me comprometo a _____
3. Eu me comprometo a _____
4. Eu me comprometo a _____
5. Eu me comprometo a _____
6. Eu me comprometo a _____
7. Eu me comprometo a _____
8. Eu me comprometo a _____
9. Eu me comprometo a _____
10. Eu me comprometo a _____

Agora que temos os valores (alicerce), vamos escrever a missão pessoal. A missão deve ser resumida em um ou dois parágrafos e deve expressar o seu propósito de vida. Em outras palavras, é um resumo do seu grande porquê de existir. Se você estiver escrevendo a sua missão pela primeira vez, pode ser que ela seja um pouco genérica. Procure reescrevê-la no futuro quando você tiver maior clareza do seu propósito de vida.

Lembre-se de que seu propósito é sobre *ser*, e não sobre *ter*. Na parte **I** (**Imaginação**) do Método RFID, vamos trabalhar com objetivos aos quais podem e devem ser incluídas coisas materiais.

Vejamos alguns exemplos de missão pessoal antes de você escrever a sua:

Exemplo 1: Minha missão é viver uma vida leve, alegre, produtiva e próspera, desenvolvendo criatividade e crescimento pessoal para mim e para meus alunos da escola primária.
Exemplo 2: Minha missão é cuidar de animais com o máximo de dedicação, carinho e respeito na minha clínica veterinária, gerando uma vida de prosperidade, alegria e amor para minha família, para mim e meus pacientes.
Exemplo 3: Minha missão é viver em conexão íntima e harmônica com Deus e com todas as pessoas ao meu redor, utilizando meus dons de comunicação para empoderar pessoas nas esferas material, emocional e espiritual.
Exemplo 4: Minha missão é viver de forma leve, alegre e livre, experienciando viagens, interagindo com pessoas de diferentes culturas e promovendo a apreciação pela pintura e pela arte em todos os lugares onde eu estiver.
Exemplo 5: Minha missão é cuidar e zelar da minha família, e criar empresas milionárias que gerem emprego, desenvolvimento profissional e financeiro para as pessoas do meu país.

Minha missão:

_____
_____
_____
_____
_____
_____
_____
_____
_____

Uma das enormes vantagens de termos missão e valores bem definidos é o fato de se tornar extremamente fácil ver quando estamos nos distanciando dos nosso propósito/missão. Quando você tem essa nitidez de valores e missão (propósito), um alarme dentro de você "soa" toda vez que você se afasta do seu propósito ou se distrai por "grandes projetos" que estão fora do seu porquê de alma.

Encerramos aqui a **Reflexão**, o **R** do Método RFID. Embora um pouco densa, essa parte do método tem o propósito de nos tornar mais conscientes de pensamentos que podem estar bloqueando de alguma forma a nossa autoestima, alegria, finanças e até aspectos da nossa saúde. Agora você está pronto para adquirir os recursos que elevarão a sua frequência na parte **F (Frequência)** do Método RFID, preparando-o para os próximos passos que o levarão às grandes conquistas.

CAPÍTULO 5

FREQUÊNCIA: O F DO MÉTODO RFID

"Tudo é energia e ponto-final. Sintonize-se na realidade que deseja e naturalmente chegará a ela. Isso não é filosofia, é física."

Albert Einstein

De alguma forma, sempre fui curioso para entender sobre a transmissão de energia e de dados. É fascinante pensar como uma onda invisível aos olhos humanos pode carregar tanta informação e ser replicada a milhões de pessoas. Quando fui contratado pela DirecTV em 1996, me fascinava pensar que a emissão de um só sinal pudesse enviar mais de duzentos canais e que em algum lugar do mundo esse sinal seria decodificado e se transformaria em som e imagem. Mais do que isso, dentro de mais de duzentos canais, o usuário era capaz de sintonizar exatamente aquele que mais lhe agradava.

Curiosamente, nossa mente trabalha de modo muito similar a uma grande antena de transmissão e recepção de dados, pois podemos escolher a frequência na qual queremos emitir e receber dados. No caso da DirecTV, por exemplo, a torre de emissão envia os dados ao satélite, que, imediatamente, reflete para determinada área os canais que o usuário receberá pela sua antena receptora. Esse princípio já havia sido demonstrado sem o satélite com o desenvolvimento do rádio e telégrafo por Guglielmo Marconi em 1920. A rapidez de trafegar dados na frequência 5 giga-hertz abriu novos horizontes para a indústria 4.0 e outras aplicações inimagináveis para a humanidade até poucos anos atrás.

O princípio básico a ser ressaltado é que sempre existe um emissor e um receptor de dados. Essa é a grande premissa. Pode haver um agente no meio, como no caso dos satélites, mas o princípio continua sendo o de emissão e recepção de dados. Se a nossa mente é uma antena emissora e receptora de dados, a pergunta a se fazer é: quais são os sinais que estou emitindo para as outras pessoas e para a inteligência infinita?

Hoje, na DMZ Connection, por exemplo, fabricamos leitores de crachá por aproximação nas frequências 125 kHz e 13,56 MHz. Ocasionalmente, clientes compram um leitor com a frequência diferente do crachá e ficam frustrados, pois o aparelho não lê a informação do cartão. Quando o departamento de suporte é acionado, logo descobrimos que o leitor tem uma frequência e o cartão outra. Pode-se afirmar, portanto, que, se as frequências são diferentes, não há a possibilidade de comunicação. Em resumo, se os nossos pensamentos estiverem conectados a uma frequência ruim, os resultados serão de muita frustração.

Esses exemplos nos ajudam a entender um pouco sobre as frequências no mundo, mas não cobrimos nem um décimo do que é chamado de espectro eletromagnético. Algumas das aplicações dentro desse espectro podem incluir câmeras e sensores infravermelhos, raios ultravioleta para esterilização, raios x em radiologia, radiação gama na medicina nuclear, entre outras.

A nossa ENORME LIMITAÇÃO visual fica evidente quando nos damos conta de que, dentre todas essas frequências transitando no Universo, a porção visível ao olho humano representa apenas 0,0035%. UAU!!! Em suma, só vemos uma ínfima parte das energias e frequências sendo emitidas no nosso mundo. Em função dessa constatação, se somente acreditarmos e basearmos nossas ações no que é visível e palpável, perderemos grande parte do espectro energético que compõe a vida.

Veja na figura a seguir a total abrangência e algumas das aplicações do espectro eletromagnético.

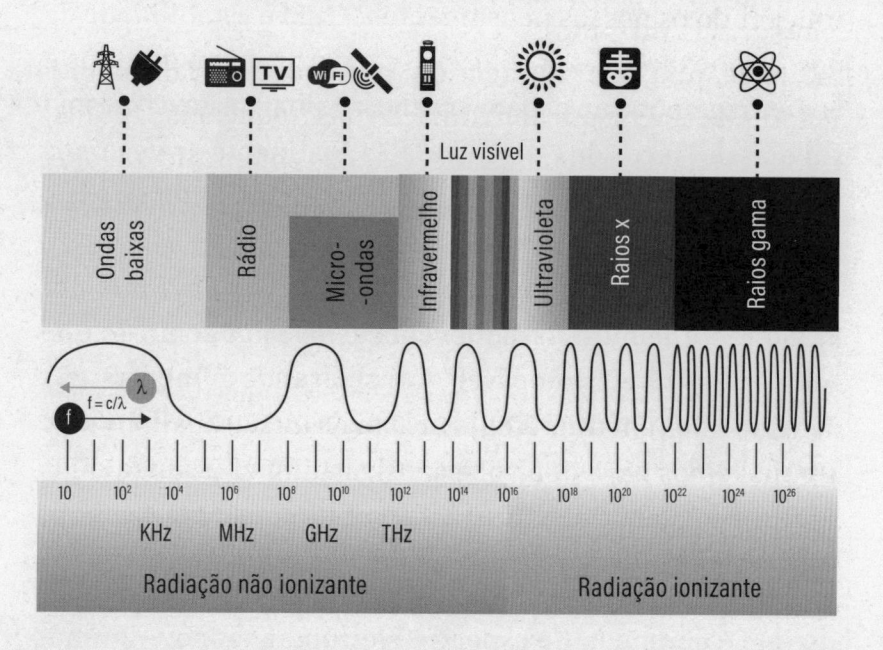

Figura 2

Como pudemos observar na Figura 2, há muito mais acontecendo do que nossos olhos podem ver. Se você tem wi-fi em casa, por exemplo, você está circulando dentro de uma frequência pronta para enviar e receber mensagens, imagens e telefonemas a todo tempo. Da mesmíssima forma trabalha a nossa mente: estamos emitindo e recebendo sinais (pensamentos, imagens e sentimentos) na frequência em que vibramos em dado momento. Costumo brincar que a nossa frequência pode oscilar entre uma conexão 5G e uma internet discada da década de 1990, dependendo do nosso estado emocional.

Agora que sabemos que só nos conectamos com sinais e mensagens que estão trafegando dentro da nossa frequência, surgem algumas perguntas: Em qual frequência estão trafegando os nossos pensamentos? Qual a estabilidade da nossa conexão? Nossa conexão "cai" quando há desafios e nos entregamos à ansiedade? Ou nosso sinal é estável mesmo em dias de "picos de eletricidade"? Finalmente, trafegamos mais na frequência da prosperidade, alegria e amor ou mais numa frequência de falta, tristeza e rancor?

O filósofo, arquiteto, futurista e inventor Buckminster Fuller sabiamente disse: "Noventa e nove por cento do que somos é invisível e intocável". Considerando a importância de vibrarmos em uma frequência mais alta, trabalharemos alguns temas para que você consiga aumentar ainda mais a frequência em que vibra. Ao rever os conceitos a seguir, você aumentará sua frequência e, consequentemente, os resultados em todas as áreas da vida.

MICROVITÓRIAS E AUTOCONFIANÇA

> *"Pessoas de sucesso têm medo; pessoas de sucesso têm dúvidas; pessoas de sucesso têm preocupações. A diferença é que elas não deixam esses sentimentos detê-las."*
>
> T. Harv Eker, empreendedor e autor de
> *Os segredos da mente milionária*

A autoconfiança raramente nasce com as pessoas. Ao contrário do que se pensa, esse sentimento é desenvolvido ao longo da jornada e a partir de microvitórias. Claro, algumas pessoas parecem ser mais autoconfiantes por natureza, mas essas são as exceções. A autoconfiança vem da maestria de alguma profissão, arte, esporte ou ocupação, criando um senso de autocontrole e destreza. Hoje sabemos que a criação de filhos em um lar equilibrado, amoroso e em que se reforçam as conquistas das crianças tem uma ligação direta com a autoestima que elas terão na vida adulta. Mas lares equilibrados não são tão comuns como gostaríamos de pensar.

Tenha você crescido em um ambiente que reforçava as suas qualidades ou não, é indispensável celebrar todas as pequenas vitórias que tem em sua vida para entrar numa frequência de sucesso. O fato de celebrar cada microvitória aumenta a sua confiança para abraçar desafios cada vez maiores; é um crescimento gradativo e cumulativo. Ninguém nunca conquistou uma grande vitória sem passar por inúmeras microvitórias.

Pode parecer contraditório, mas a autoconfiança é fortalecida por se permitir errar. Só erra quem tenta fazer algo fora da zona de conforto, do contrário só teríamos acertos. Como vimos no capítulo sobre **Reflexão**, ao errar você simplesmente elimina mais uma opção de como o seu plano não funciona e pode fazer uma nova tentativa. Erre sem culpa...

Digamos que você queira aprender um novo idioma, por exemplo. Está implícito no processo de aprendizado que você vai conjugar verbos de forma incorreta, terá sotaque por um tempo e passará alguns perrengues ao tentar se comunicar com um nativo. Mas a sua proficiência e autoconfiança para comunicar-se nesse novo idioma só vão crescer se você se permitir errar. Se você for uma pessoa muito autocrítica e não quiser se expor, antes do sexto mês na escola de idiomas já terá abandonado as aulas.

No começo de minha carreira, fui professor de espanhol na California State University of Long Beach e vi, pessoalmente, que os alunos que não queriam "pagar mico" eram os que abandonavam o curso antes do término. Muitos faziam um esforço mínimo para passar com nota C, receber os créditos do curso e *"Hasta luego, español"*. E você, se permite errar? Ou será que quer estar sempre no controle e parecer o "bonitão ou bonitona"? Em curto prazo não se expor pode parecer um ganho, pois você "não pagou o mico". Em médio prazo, no entanto, ser o "bonitão ou bonitona" limita as suas habilidades de crescimento em várias áreas que poderiam lhe trazer novos amigos, novas experiências e novas habilidades. E, obviamente, quem não se arrisca em coisas novas raramente tem a autoestima fortalecida.

Durante a nossa infância não tínhamos grandes problemas em errar, éramos mais livres e não tínhamos preocupação com o que os outros iriam pensar de nós. Essa preocupação com a nossa imagem pública ganha força máxima no começo da adolescência, um rito de passagem que pode ser difícil para muitos. Quando éramos crianças, tínhamos a "cuca fresca": aprendíamos a andar de bicicleta caindo; aprendíamos a nadar depois de muitos goles de água; aprendíamos a jogar videogame sem manual; e assim ocorreu durante toda a nossa infância. Não escondíamos o nosso entusiasmo e celebrávamos cada gol marcado na pelada com os amigos. Gritávamos e curtíamos cada nova fase passada no videogame e assim por diante. Cada nova habilidade que ganhávamos aumentava a nossa autoestima, e isso retroalimentava a nossa vontade de seguir crescendo. Este é o segredo: se jogar e celebrar as pequenas vitórias. Cada uma delas conta.

    O mundo idealizado das mídias sociais tende a prejudicar seriamente as pessoas que não têm uma cabeça bem equilibrada. Vejo muitos jovens, e outros não tão jovens, que acreditam nesse mundo de fadas em que tudo é lindo e perfeito. Quando começamos a nos comparar, minamos a nossa autoestima, pois sempre haverá alguém mais bonito, mais rico, mais inteligente, mais sensual e mais outra coisa qualquer. No entanto, como já mencionamos, ao nos compararmos com outras pessoas, esquecemos que somos obras únicas e originais. O original tem sempre mais valor que uma cópia, então não queira ser cópia de ninguém.

    Lembre-se de que você é uma obra-prima única entre 8 bilhões de outras obras-primas, por isso não faz sentido se comparar. Você foi feito à imagem e semelhança do seu Criador, e a criação é perfeita. Para comprovar isso, basta olhar para a natureza. Olhe para as florestas, os rios, os oceanos, a fauna... e verá que o Criador não quer nem nunca quis nada igual. Ele ou Ela ama a diversidade, portanto não tem o mínimo sentido você ser autocrítico ou ficar se comparando com outras pessoas.

Falando em diversidade, use o "chutômetro" para adivinhar quantas espécies de aves existem no mundo. Só para ilustrar o ponto em questão... Se você pensou em mil espécies, passou longe. Segundo o laboratório de ornitologia da Universidade Cornell, nos Estados Unidos, existem 11.017 diferentes espécies de aves já catalogadas.[1] Entendeu o ponto? Caiu a ficha?

É contra a natureza buscar ser igual aos outros

Deus ama a diversidade, então respeite a sua unicidade e a do próximo. É absolutamente contra a natureza buscar ser igual aos outros. Einstein, em uma de suas sacadas mirabolantes, disse: "Todo mundo é um gênio. Mas, se você julgar um peixe pela sua habilidade de subir em árvores, ele passará o resto da vida se achando um idiota". UAU!!!

Você pode se inspirar em pessoas e em seus resultados, mas nunca se comparar. Quando se olhar no espelho e disser de coração "Eu amo você do jeito que você é", estará honrando a sua essência e o seu Criador. Ao aceitar-se como é, com suas virtudes e "defeitos", sua autoestima aumentará naturalmente, elevando a qualidade do seu campo eletromagnético. Quando você aceita plenamente o que chamo de "pacote existencial", as comparações bobas perdem valor e você se coloca numa vibração de amor e alegria.

Quando tiver completa autoaceitação, você permitirá que seu brilho flua de dentro para fora, pois o brilho não está na

---

[1] The Cornell Lab of Ornithology. *Birds of The World*. Disponível em: https://birdsoftheworld.org/bow/home. Acesso em: 7 abr. 2024.

roupa nova nem em nada que possa vir de fora. Quem nunca viu um homem ou uma mulher fora do padrão de beleza, mas que era absurdamente atraente? É muito louco; é como se uma aura de grandeza e beleza acompanhasse essa pessoa "feia", tornando-a bonita de uma forma inexplicável. É isso o que ocorre quando você abraça o seu pacote existencial com amor e aceitação plena.

Essa autoaceitação faz você florescer, e o seu brilho interior, ganhar uma nova dimensão, permitindo que outros ao seu redor também brilhem. Amar-se não tem nada a ver com vaidade, pois a vaidade é fruto do ego. Amar-se é saber que você é único e que o Criador ama você com seus defeitos e virtudes, desde sempre. Celebre todas as vitórias e, se conseguir, as derrotas também.

MODULE UMA FREQUÊNCIA DE SUCESSO POR MEIO DE ALIANÇAS

> *"A segunda melhor opção a você ser um sábio é cercar-se daqueles que são."*
>
> C. S. Lewis, autor de *As crônicas de Nárnia* e outras grandes obras

A aliança *mastermind* é uma das dezessete leis do triunfo de Napoleon Hill, e esse autor dá muita ênfase à necessidade de criar essas alianças para alcançar grandes realizações. Para estar em uma frequência de sucesso, é importante que você esteja rodeado de pessoas que estimulem o seu crescimento e o desafiem o tempo todo.

Como se costuma dizer, somos a média das cinco pessoas com quem mais convivemos, por isso a importância do *mastermind* e do *networking* com pessoas positivas. Napoleon Hill, em seu livro *Quem pensa enriquece*, enfatizava que "os homens absorvem a natureza, os hábitos e o poder de pensamento daqueles com que se associam em espírito de simpatia e harmonia". Usando um ditado popular, mas muito verdadeiro: "Passarinho que voa com morcego acorda de cabeça para baixo". Em resumo, precisamos buscar voar com as águias, e não com os morcegos.

Vamos definir o que é uma aliança *mastermind*, ou "alianças de mentes mestres": uma aliança *mastermind* é a união de pessoas com total harmonia e cumplicidade na coordenação para a realização de um objetivo comum. É uma aliança estratégica na qual existe uma fusão de mentes pela qual se permite utilizar do conhecimento, dos dons, das conexões e/ou do capital de outras pessoas.

Hoje em dia se utiliza o termo *mastermind* para grandes encontros de executivos, mentorias e outras atividades em grupo. No entanto, um *mastermind* vai muito além disso, pois exige comprometimento, regularidade de encontros e harmonia absoluta entre um grupo de pessoas.

Embora o próprio Napoleon Hill não tenha mencionado, acredito que a primeira e mais importante aliança *mastermind* que você pode realizar é com o seu Criador. Ao manter uma conexão com a inteligência infinita, você poderá fazer downloads de conhecimentos e inspirações que muitas vezes somente estão disponíveis na fonte. Esse *mastermind* com o Criador não precisa ser associado a uma religião, e sim ao entendimento de que existe uma força criadora por trás de tudo e de todos, sendo que o portal para acessar o Criador é o nosso subconsciente ou inconsciente. Ao reconhecer que o reino de Deus está dentro de nós, fica fácil entender que estamos diretamente conectados com a inteligência infinita; é só buscar o acesso.

Outro *mastermind* de extrema importância é o que se dá no âmbito familiar, entre um casal. Essa união se torna ainda mais fortalecida quando se empreende a grande tarefa de ser pais. Nesse caso, cada um dos cônjuges aporta diferentes habilidades para que a parceria tenha sucesso, formando crianças equilibradas e prontas para o mundo.

Essa aliança do casal também pode ser criada para a formação de uma empresa ou qualquer outro tipo de empreendimento. Napoleon Hill relata em seu livro *Quem pensa enriquece* a grande importância do *mastermind* criado entre o sr. e a sra. Ford na construção do império da Ford Motors. Henry Ford tinha uma personalidade tímida e sem grande carisma, e foi a sra. Ford que o estimulou durante vários momentos de sua jornada empresarial para que ele continuasse com o propósito de popularizar os veículos nos Estados Unidos e no mundo. Vale lembrar que, antes de se tornar o maior fabricante de veículos do mundo, Henry Ford foi ridicularizado com o seu primeiro modelo, chamado de "geringonça" por muitos. Parece que a "geringonça" acabou dando certo...

Um grupo *mastermind* costuma ter poucas pessoas, mas, como o próprio Napoleon Hill menciona em sua obra *As leis do sucesso*, a união de Gandhi com toda a população da Índia para conquistar a independência do Reino Unido foi um dos maiores exemplos de *mastermind* já presenciados pela humanidade. O ponto-chave é que ninguém alcança grandes realizações sem parcerias e o apoio de pessoas. Se você é empresário, crie uma aliança de mentes com seus colaboradores-chave para que estejam alinhados com a sua frequência e com o propósito da empresa. Se você conseguir que todos os colaboradores "comprem" o propósito da empresa, haverá um diferencial gigantesco, e sua companhia se tornará imbatível. Pense, por exemplo, no que a Apple conseguiu realizar criando uma cultura na qual a base é a inovação constante e a quebra do *status quo*.

Uma das grandes vantagens na criação de um *mastermind* é a obtenção de conhecimentos e experiências que você não tem. Além do conhecimento, você pode conseguir recursos, habilidades, dinheiro e conexões sem os quais não seria possível realizar o seu objetivo. Essa aliança de mentes mestres deve beneficiar todos os envolvidos, mas isso não quer dizer que o benefício seja necessariamente financeiro. Muitas vezes, pode-se criar um *mastermind* entre um mentor e um aprendiz, no qual o único intuito do mentor é ver o seu pupilo crescer e se desenvolver. O mais importante é que por meio dessas parcerias você estará numa frequência de pessoas que têm interesses em comum e que estão buscando subir degraus em direção a um objetivo comum.

Encontrar um mentor dentro ou fora do local onde você trabalha poderá ser uma bênção gigantesca para sua vida pessoal e profissional, pois elevará a sua frequência por osmose. Tive a felicidade de encontrar alguns mentores em minha vida profissional, e isso fez uma diferença gigantesca no meu crescimento. Se você tem interesse em ter um mentor, basta perguntar ao mentor em potencial se ele ou ela está disposto a despender quinze a vinte minutos por semana em um aconselhamento profissional. Surpreendentemente, mesmo pessoas muito ocupadas costumam se dispor a ajudar. Caso você ouça um "não", não leve para o lado pessoal e converse com outra pessoa que você admira e que tem as habilidades que você deseja desenvolver e modelar.

Esse tipo de aliança também é comum entre sócios na criação de empresas, como foi o caso do *mastermind* de Steve Jobs e Steve Wozniak na criação da Apple. Quando você pensar em montar uma sociedade, vale ressaltar a importância de que as competências, habilidades e recursos sejam de alguma forma complementares. Digamos que você domine a arte das vendas e consiga enxergar uma grande oportunidade no mercado de serviços hospitalares. Caso busque um sócio para criar um *mastermind*, não teria sentido ter como sócio alguém que tem as mesmas habilidades que você. Se você já domina a parte comercial, busque alguém com competências administrativas e financeiras para a formação dessa aliança. Se o seu parceiro tiver experiência na área hospitalar, melhor ainda. Quando se cria uma grande sinergia, 1 + 1 se torna 11, e não apenas 2.

Em função dessa absorção de valores, hábitos e frequência que se dá por meio de um *mastermind*, é imprescindível estarmos atentos ao caráter das pessoas com quem nos associamos. No começo da criação de um *mastermind* é difícil ter todas as informações do comportamento ético do parceiro. No entanto, há formas de descobrir informações por meio de terceiros, vendo as amizades dessa pessoa e, não menos importante, por intermédio do seu sexto sentido. Costumo dizer que, se a energia não "casa", não importa quão proveitosa possa parecer a parceria: caia fora enquanto há tempo.

O poder do *networking*

Diferente do *mastermind*, o *networking* é mais superficial, mas também tem grande valor na vida pessoal e profissional de todos nós. Quem nunca precisou de um favor de um colega de trabalho? De uma carta de recomendação? De um contato comercial na empresa em que trabalha um colega?

O *networking* é a manutenção de uma rede de contatos (*network*) que você pode acionar em determinado momento para obter alguma gentileza, favor ou benefício. Da mesma forma que pode acessar esses contatos, você também deve estar disponível para auxiliar esses colegas caso precisem de uma gentileza ou de uma indicação sua. Em suma, esse *network* deve ser uma via de mão dupla. Procure manter pelo menos 20% do seu *network* com profissionais que estejam um ou dois degraus acima do seu. Não faça isso por interesse, e sim para entender e absorver a frequência e o *mindset* de sucesso desses profissionais.

A construção do *network* se estabelece ao longo dos anos e deve ser muito bem cuidada. A manutenção dessa rede de contatos pode ser feita por meio de uma ligação de vez em quando, de um e-mail em aniversários, de uma mensagem de WhatsApp ou de qualquer outra forma que demonstre o seu genuíno interesse em cultivar esse coleguismo ou amizade. Se você ama pessoas e entende que todos fazemos parte de uma grande *network* espiritual, a tendência é que tenha uma afeição sincera por esses indivíduos. Quanto mais verdadeiros forem esses relacionamentos, mais portas abertas você terá nos momentos que precisar.

Não é raro você ser lembrado por alguém ou lembrar de alguém somente na hora de solicitar um favor. Se não for realizada a manutenção desse relacionamento, a solicitação de um favor pode não ser bem recebida na hora da necessidade. Afinal de contas, quem gosta de ser lembrado por colegas somente quando eles precisam de um favor? O LinkedIn é um ótimo aplicativo para prospecção de clientes, manutenção de membros de seu *network* e também para desenvolver novos relacionamentos. No entanto, apesar de os aplicativos serem formas importantes de manter o *network*, a boa e velha ligação por telefone ainda é altamente recomendável. Separe semanalmente uma ou duas horas para entrar em contato com os membros do seu *network* e dar um *"hello"*. A maioria de nós fica feliz de ser lembrado por um colega. Faça disso um hábito para ter sempre seu *network* forte e disponível.

FAÇA UM DETOX DIGITAL

> *"Limpe uma parte da sua mente e a criatividade instantaneamente a preencherá."*
>
> Dee Hock, fundador e ex-CEO da Visa

A tecnologia é algo fascinante e está cada vez mais presente em nossa vida. No entanto, precisamos ser usuários da tecnologia, e não usados por ela. Para aqueles que são cinquentões como eu, a ideia da internet era absolutamente inconcebível na infância, mas, enquanto muitos têm saudade de seu tempo de empinar pipa na rua e de jogar bola descalço na chuva, acredito que comparar épocas é um saudosismo improdutivo. A tecnologia é fantástica e permite à nova geração grandes possibilidades de brincar, interagir e aprender online. Os tempos são outros, e só temos o presente do presente para viver. Quem tem saudade do passado fantasia um mundo que não existe mais. O fato é que, graças à tecnologia, hoje é possível fazer uma faculdade a distância, falar com qualquer pessoa do mundo gratuitamente ou trabalhar de casa sem ter que encarar o trânsito dos grandes centros.

Embora eu goste muito da tecnologia e de seus benefícios, admito que ela pode facilmente nos tirar da frequência do sucesso se não desenvolvermos algumas estratégias para utilizá-la com moderação. Para não perder o foco nas tarefas mais importantes do dia a dia, líderes e pessoas de alta performance adotam alguns métodos e estratégias para minimizar o que se chama de *information overload*. Esse termo do inglês pode ser traduzido como "sobrecarga de informações", pois somos bombardeados por anúncios e informações não relevantes quando estamos em aplicativos e redes sociais.

O psiquiatra brasileiro Augusto Cury revelou ao mundo a chamada "síndrome do pensamento acelerado". Segundo Cury, as altas "doses" de informações diárias sobrecarregam a mente com informações e ela acaba trabalhando de forma acelerada, com grande dificuldade para relaxar e focar nas tarefas do dia a dia. Os resultados dessa sobrecarga são desgastes físicos e emocionais, alienação de famílias, dificuldade com relacionamentos interpessoais, TDAH (transtorno do déficit de atenção e ansiedade), estresse, entre tantos outros problemas. É certamente um tema em que todos devemos colocar atenção, buscando momentos de relaxamento e conexão interna, ao invés de externa. Veja a seguir algumas estratégias para evitar essa sobrecarga e para estarmos ligados aos nossos objetivos e vibrando numa frequência de sucesso.

Primeira hora do dia

Em vez de acordar e já checar os e-mails e as redes sociais, use a primeira meia hora do seu dia para planejar os objetivos mais importantes, inclusive as atividades com a família. Se você faz sua agenda no dia anterior, repasse mentalmente os seus planos e, se possível, use essa primeira hora para meditar, ler ou fazer exercícios com uma boa música. Isso ajudará a elevar a sua frequência para começar um dia muito mais produtivo e centrado.

Horários para redes sociais

Crie alguns horários durante o seu dia para verificar o LinkedIn e outras redes. Evite entrar e sair a cada cinco minutos de e-mails e redes sociais, pois isso gera distração das atividades que exigem mais foco e atenção. Você ainda não tem o microchip da Neuralink, desenvolvido por Elon Musk, que irá ajudar a processar dados com rapidez infinitamente maior que agora: é o 7G para o nosso cérebro que está a caminho. Se não conhece essa empresa do Musk, pesquise por Neuralink. Na internet há vídeos dos testes com porcos e macacos.

Enquanto não implantamos o chip do Musk, crie períodos para você ter um hiperfoco em assuntos cruciais do seu dia. Nos próximos vinte anos o mais provável é que estejamos todos "chipados" e com possibilidade de acessar a grande rede por meio de um holograma projetado na nossa própria mente. É só uma questão de tempo...

Ficar olhando uma plataforma a cada cinco minutos é exatamente o que os engenheiros de atenção querem que você faça.

Portanto, seja mais inteligente do que eles. Lembre-se de que a verdadeira função da rede social é ser uma rede de anúncios, e a cada cinco posts, um é de conteúdo pago (propaganda). O YouTube não é muito diferente, embora ofereça a possibilidade de se aprofundar mais em alguns temas e disponibilize excelentes entrevistas e palestras, incluindo TED Talks.

E-mail, WhatsApp e mensagens de texto

Cheque seu e-mail e WhatsApp somente a cada meia hora ou uma vez por hora, salvo se o seu trabalho realmente exigir respostas super-rápidas. É um desafio grande, eu sei, mas é possível.

Na maioria das vezes, e-mails e mensagens de texto podem esperar e não precisam ser respondidos de imediato. Quando você verifica as suas mensagens a cada cinco ou dez minutos, está tirando o foco de coisas mais importantes. Você provavelmente vai jurar de pé junto que não se distrai com as mensagens de WhatsApp ou com os constantes "enviar e receber" no Outlook. Mas, acredite, esse ir-e-vir reduz o foco e a produtividade com picos de estímulo cerebral baratos (dopamina). Se você tem grupos de família ou de amigos da escola primária no seu WhatsApp, dobre o cuidado.

Produção de conteúdo

Usar redes sociais para ganhar dinheiro é infinitamente melhor que ser apenas um consumidor de produtos e conteúdo. No entanto, mesmo se você for um produtor de conteúdo, crie disciplinas para que o seu cérebro tenha intervalos para se recarregar. Veja o resultado de suas campanhas ou posts, mas tenha cuidado para não estar mais conectado do que realmente precisa.

Espaço da família e de descontração

Finalmente, reserve um período para ficar com a família ou os amigos sem olhar para o smartphone, aumentando a sua frequência e desfrutando de relacionamentos reais, e não virtuais. Procure estar presente: não há nada pior do que conversar com alguém que está olhando a tela do smartphone e está apenas meio presente na conversa.

Se você tem filhos adolescentes, boa sorte... não será uma tarefa fácil. Entrar parcialmente no mundo deles é uma estratégia inteligente para não criar um distanciamento ainda maior. Se você conseguir estipular horários sem smartphone para seus filhos adolescentes, parabéns, você é ninja.

O conceito de *mindfulness* (mente presente / atenção plena) não é apenas um termo da moda; é uma estratégia para que estejamos no momento presente, vivendo e desfrutando daqueles estão ao nosso redor. Se não tivermos o mínimo de *mindfulness,* nos perdemos e nos tornamos reféns de um mundo digital.

A extensão da nossa mente

Não nos damos conta, mas precisamos entender que as novas tecnologias não são mais algo externo, por isso têm grande influência na frequência em que vibramos. Os smartphones, por exemplo, são literalmente uma extensão da nossa memória. Se eu perguntar a você qual é o número de celular dos seus cinco familiares mais próximos, tenho certeza de que você não saberá de cabeça. O smartphone também se tornou uma extensão do nosso lazer, pois podemos nos entreter em redes sociais, podemos visitar museus, podemos jogar, assistir a filmes, entre outros divertimentos.

Um aspecto muito proveitoso é que o smartphone se tornou uma infinita biblioteca de pesquisas na qual você pode buscar informações, conseguir telefones importantes, entre outras informações úteis. O smartphone também se tornou o nosso mapa para dirigir, com aplicativos como Waze e Google Maps. Em um momento entre os dinossauros e o dia de hoje, pessoas usavam mapas de papel ou guias de estradas que eram maiores do que a Bíblia. Quem tem mais de quarenta anos lembrará do *Guia Quatro Rodas*.

O smartphone também se converteu em uma extensão das nossas casas inteligentes, nas quais podemos programar a temperatura exata em que estará a sala de estar quando chegarmos do trabalho. Entre outras inúmeras funções, você pode fazer as compras do mês, gerenciar sua conta bancária, investir na bolsa e trabalhar de qualquer lugar onde esteja. Não menos importante, o smartphone serve como conexão entre nós e diversas instituições, como faculdades, órgãos públicos etc.

Em função dessa quebra de paradigma no funcionamento humano, é preciso saber dosar a utilização das tecnologias, colocando-as a nosso serviço, e não o contrário. Lembre-se: a diferença entre o veneno e o antídoto é a dosagem. Isso serve para o sol, para o chocolate e para inúmeros outros prazeres da vida: o equilíbrio é fundamental. Em resumo, o nosso querido smartphone pode ser tudo de bom ou um lixo, dependendo de como o utilizamos.

Embora minha empresa seja do ramo da tecnologia, o nosso lema é "Enjoy Tech, Love People", ou seja, "Desfrute da tecnologia, ame as pessoas". Hoje o que as pessoas mais dizem é "eu amo meu iPhone", "adoro minha Alexa" e assim vai. Só pode ser brincadeira!!! Devemos amar nossos filhos, nossos vizinhos, a natureza, não um smartphone.

Faça um cálculo básico comigo: se diariamente você trocar meia hora de Netflix e meia hora de rede social por uma hora de estudo em um tema construtivo em que tenha interesse, em dois anos você terá dedicado 730 horas a esse assunto... UAU!!! Com 730 horas de estudo dedicado (carga horária maior que qualquer pós-graduação), você terá se tornado um absoluto *expert* no tema de estudo. Se você realmente busca alta performance e quer estar em uma frequência de sucesso, é imprescindível dosar o uso do smartphone e suas infinitas distrações.

Em 2019, fui a uma palestra sobre *digital detox* com Randi Zuckerberg, ex-sócia do Facebook e irmã mais velha de Mark Zuckerberg. Embora ela tenha uma empresa chamada Zuckerberg Media que cria conteúdos digitais para vários canais, em sua palestra ela ressaltou a necessidade de criarmos disciplina para os nossos filhos, de modo que eles não se tornem reféns das redes. Dá para acreditar que a própria Zuckerberg disse isso? No entanto, vale lembrar que, para o conselho administrativo e para os acionistas de uma empresa como a Meta, a última coisa que importa é a saúde mental dos seus filhos e a sua. Lembre-se, as redes sociais são REDES DE ANÚNCIOS, são a televisão de hoje, com poder exponencial para o bem e para o mal.

A Marvel e outras produtoras já começaram forte com o tema do metaverso, e o grupo Meta (Facebook, Instagram e WhatsApp), a Microsoft e outras empresas estão investindo fortemente em inteligência artificial e em equipamentos que permitam o metaverso. A pergunta é: o metaverso será fonte de crescimento para a humanidade ou mais um artifício de alienação? Não tenho as respostas, mas é bastante provável que seja mais uma fonte de escapismo para pessoas que buscam fugir da realidade da vida. Fica a dica para não nos tornarmos zumbis digitais.

QUEBRE SUPERSTIÇÕES E SIMBOLISMOS PARA PROSPERAR

> *"O prejuízo da superstição é o maior de todos, pois influencia a mente humana."*
> Charles de Montesquieu, filósofo político idealizador dos três poderes (Executivo, Legislativo e Judiciário) na política

No Brasil e em muitos países há superstições, crendices e simpatias para manter o "corpo fechado", ou seja, livre de inveja e outras vibrações negativas. Algumas pessoas levam essas superstições tão a sério que não saem de casa em certos dias, não passam debaixo de escadas, não compram um apartamento dependendo do número, não usam determinada cor de roupa e assim vai. Como diz o ditado, "eu não acredito em bruxas, mas que elas existem, existem". De fato, existem frequências negativas no mundo, no entanto não há nada melhor que uma mente positiva e com bons propósitos para "fechar o corpo" para tudo o que é ruim. Foque em seus objetivos, tenha bons pensamentos, vibre amor por todos e você estará sempre seguro.

O processo de "blindagem" energética ou espiritual é feito de dentro para fora, criando assim um campo energético forte e equilibrado que evita que sinais de baixas frequências nos atinjam. Como vimos no começo do capítulo, quanto mais alta for a frequência em que vibram os nossos pensamentos, mais forte será o nosso campo eletromagnético. Portanto, da próxima vez que vir uma escada, pode passar por baixo dela. Quando vir um gato preto, pense que alguma boa notícia está por vir; e quando se deparar com o número 13, pense que é um número de sorte. Em resumo, é você quem determina o que é um sinal de sorte ou não com a crença que desenvolve.

E a cor preta? É sinal de luto, de elegância ou de espiritualidade?

Aí surge a pergunta: por que a batina dos padres é preta? Qual a cor de todos os carros presidenciais? E a cor dos carros das funerárias? Bem, no fim das contas, parece que a cor preta tem mais de um significado, podendo ser luto, elegância, autoridade e, possivelmente, espiritualidade.

E os números? Será que o 7 é o número da plenitude ou o número da perfeição? Cabalístico? Será que é porque Deus fez o mundo em seis dias e descansou no sétimo? Ou os sete cestos de pão que sobraram após o milagre de Jesus? E o número 8, é o número do infinito? Por que Nikola Tesla era obcecado pelos números 3, 6 e 9? Finalmente, se tudo na Bíblia deve ser seguido ao pé da letra, devemos matar quem trabalhar aos sábados, como ordenou Moisés (Êxodo 31,15-17)?

Usemos o bom senso para tudo, pois a superstição, o medo e a ignorância são inimigos da prosperidade e baixam a frequência em que vibramos. De fato, pode haver números sagrados em algumas culturas ou dentro do que chamam de geometria sagrada. No entanto, para o nosso dia a dia, isso não muda ABSOLUTAMENTE NADA. Na cultura chinesa, por exemplo, os números da sorte são o 6 e o 8. Inclusive, a sequência 666 é considerada um número de muita sorte para eles, que utilizam a expressão 666 para dizer "puxa, que legal".

Posso estar enganado, mas me parece que números são números, sendo que o seu significado é o que cada pessoa ou cultura associa a eles ao longo dos séculos ou milênios. Me preocupa *muito* a numerologia e outros meios de adivinhação ou previsão de futuro, pois tendem a ser um alienador muito grande. O futuro se faz *hoje* e depende das nossas escolhas de *hoje*, tanto as individuais quanto as coletivas. Embora os significados dos símbolos sejam convenções milenares que podem fazer parte do inconsciente coletivo, ainda assim você é o senhor da sua mente e pode ressignificar símbolos da forma que quiser.

Você se lembra que na virada do século (2000 para 2001) o mundo ia acabar, segundo Nostradamus? Ufa, por sorte não foi em 2001. Depois vieram as especulações do ano de 2012, ano para o qual a profecia maia previa um grande desastre ecológico. Ufa, mais uma vez escapamos... Na década de 1980, o fim dos tempos viria por uma guerra nuclear, quando acontecia a corrida bélica entre a Rússia e os Estados Unidos. Recentemente ouvi uma senhora falar que Vladimir Putin é o anticristo e que ele trará o fim dos tempos... Em resumo, há sempre alguém prevendo o fim dos tempos.

O fim do mundo vai acontecer? Do jeito que tratamos os nossos recursos naturais, pode ser que, no futuro, sim. Mas, francamente, o nosso foco deve ser fazer o melhor por nós, pelos nossos familiares e pelo mundo *hoje*. Em suma, é importantíssimo criar políticas para regenerar o planeta, mas sem entrar nessas profecias ou num estado de ansiedade e medo. Como disse o poeta romano Horácio, *"carpe diem"*, "viva o momento".

Para que estejamos numa frequência de sucesso, precisamos abandonar essas crendices, superstições e medos. O que realmente importa, caro amigo, cara amiga, é a nossa crença por trás daquilo que escolhemos acreditar e fazer. Portanto, se alguma cor específica faz você se sentir bem, use-a sem restrições. Se você gosta mais do número 5 que do 7, seja feliz. Se tomar banho de arruda lhe faz bem, tome seu banho de ervas com fé. Se colocar o terço no retrovisor do carro faz você se sentir seguro, vá em frente. Mas lembre-se do que falamos: o processo de prosperidade, da autorrealização, do amor e de proteção é sempre de DENTRO PARA FORA, e não o contrário. Se você não se amar, nunca se sentirá amado. Se você não se sentir rico e grato com o que tem, será sempre pobre. Se você não fizer o que ama ou pelo menos não amar o que faz, estará sempre vazio. Este é o segredo: esqueça as crendices e se sintonize com pensamentos de prosperidade, alegria, harmonia e amor!

METACOGNIÇÃO: MONITORE SEUS PENSAMENTOS

"Para uma pessoa se modificar, é necessário que ela mude a maneira como vê a si mesma."

Abraham Maslow, psicólogo americano criador da teoria das necessidades de Maslow

A metacognição é a habilidade de "ver" ou estar ciente dos próprios pensamentos. Em suma, é nos tornarmos observadores dos nossos próprios pensamentos e termos a capacidade de "auditá-los", por assim dizer. Esse é certamente um atributo que nos diferencia de outras espécies e que retrata com bastante solidez o fato de não sermos meramente seres com um cérebro altamente desenvolvido. O termo "metacognição", por sinal, quer dizer "além da cognição", o que pode ser facilmente interpretado como sendo a nossa alma ou, se você preferir, a essência que anima o nosso corpo físico.

A metacognição é a chave para entendermos quais são os nossos pensamentos mais frequentes e se esses pensamentos estão "jogando a favor ou contra". É por meio da metacognição que podemos entender se os pensamentos vindos do nosso inconsciente ou do consciente são positivos e promovem o nosso crescimento ou se, de alguma forma, há pensamentos de vitimismo, de culpa, de autopunição, de tristeza, de medo, de autossabotagem, de escassez, de preocupações etc.

Umas das maneiras mais eficazes de acessar e "ver" nossos pensamentos e os simbolismos do nosso inconsciente é por meio da meditação ou quando conseguimos entrar em um estado de tranquilidade e serenidade. No entanto, mesmo em momentos de estresse da mente consciente podemos saber exatamente quais pensamentos estão passando pela nossa cabeça e somos capazes de intervir de modo ativo para nos acalmarmos. Salvo se você for um monge tibetano, a sua mente tende a ser uma grande tagarela que não para quieta, consumindo energia preciosa do seu cérebro.

Se o conteúdo dos pensamentos forem preocupações, ansiedade, boletos para pagar e inseguranças, a nossa "bateria" (energia cerebral para tomar boas decisões) acaba se exaurindo rapidamente, criando fadiga mental. Por isso, precisamos aprender a intervir por meio da metacognição para dialogar, acalmar ou ressignificar nossos pensamentos. Eu sei que parece um tanto quanto esquizofrênica essa técnica, mas é de grande valor, e você já deve fazer isso sem se dar conta que faz. Os psicólogos americanos criaram o nome de *positive self-talk* para essa técnica de manter um diálogo interno construtivo.

Procure fazer um teste e auditar os seus próprios pensamentos durante três a cinco minutos. Você ficará surpreso com a quantidade de informações e pensamentos que está processando. Se puder, pare um pouco a leitura, programe o temporizador do seu relógio ou celular e anote em uma folha de papel os pensamentos que vêm à tona. Caso não tenha um papel para anotar, simplesmente audite os pensamentos e "veja" o que está povoando a sua mente.

O mais provável é que você perceba que muitos desses pensamentos são mero "chiado", ou seja, não aportam nada de produtivo para você e estão cheios de "pré-ocupação". Sempre que possível, faça essa "auditoria" para ver se os pensamentos são construtivos ou destrutivos, acelerados ou tranquilos, harmônicos ou caóticos. Se você é como a maioria das pessoas, haverá um misto de pensamentos produtivos e improdutivos, não se assuste.

Convertendo pensamentos passivos em ativos

Agora que você inventariou alguns pensamentos negativos da sua mente, é hora de mudar as regras do jogo. Considerando que muitos desses pensamentos improdutivos estão no piloto automático (inconsciente), cabe a nós usarmos o diálogo interno construtivo para reprogramar os pensamentos que não nos impulsionam para o "eu futuro" que almejamos. Se não fizermos nada, o mais provável é que o "eu-presente" repita os padrões do passado e nos leve a um futuro com resultados iguais aos que temos hoje. O consciente, embora em desvantagem frente ao subconsciente, deve se tornar responsável por reescrever novos códigos que nos trarão maior desempenho, alegria e bem-estar. Imagine que o subconsciente é um programa que foi escrito por muitos programadores diferentes (pais, professores, TV, sociedade, igreja, mídias sociais etc.). Vale lembrar que muitos desses programadores eram amadores, e, em função disso, algumas linhas de códigos precisam ser rescritas para eliminar bugs e vírus a fim de que haja maior congruência de dados.

A interface desse programa (*graphic user interface*) é o ego, que faz um grande esforço para projetar para o mundo externo que está tudo bem e que somos perfeitos e "lindinhos". No entanto, criar a congruência entre o subconsciente e o consciente é o que precisamos fazer para que possamos projetar um "eu-futuro" melhor, mais saudável e mais próspero.

Viver meramente pelo ego pode enganar os outros, mas isso não muda a verdadeira frequência em que está vibrando. Como falamos, nós projetamos para o universo-espelho a frequência dos nossos sentimentos, e é isso o que receberemos de volta. Ao fazer essa reprogramação das mensagens negativas que estão no piloto automático, alinharemos pensamentos e sentimentos positivos que criarão um "eu-futuro" mais produtivo, feliz e próspero.

Não adianta criar um mantra de "sou altamente capaz e inteligente" e repeti-lo mil vezes como um papagaio se você realmente não estiver se sentindo altamente capaz e inteligente. Se no seu subconsciente você registrou um bloqueio quando uma professora falou que você "era muito lento", precisará acessar essa memória/voz interna e, *conscientemente*, reescrever essa linha de código que está rodando em sua mente subconsciente. Uma das formas de reescrever códigos é confrontando essa memória e afirmando com *absoluta convicção:* "A opinião de uma professora não diz nada ao meu respeito. Eu, de fato, sou altamente capaz e inteligente". Você também pode se imaginar de frente para a pessoa que o feriu e confrontá-la mentalmente, desbloqueando seu subconsciente dessa mensagem negativa internalizada. Da mesma forma, não adianta criar um mantra dizendo "minha alma gêmea está a caminho" se você ainda não se aceitou com seus erros e acertos e não ama a si mesmo.

Enquanto a linha de código do programa não for reprogramada, o "output" se repetirá em um loop constante. É muito louco pensar nisso, mas o programa que rodamos no nosso dia a dia, inclusive da nossa autoimagem, foi criado por terceiros.... UAU, que loucura!!! Enfim, é hora de criar novos códigos que estejam alinhados com o que queremos para o nosso "eu-futuro". Você agora é o programador principal e fará um upgrade na versão do programa que está rodando no seu subconsciente.

Declarações afirmativas: dando ordens ao subconsciente

Fazer declarações afirmativas é uma das formas de reprogramar mensagens negativas gravadas em nosso inconsciente para subir a nossa frequência. As declarações devem ser *afirmativas* porque o subconsciente não entende "não"; ele trabalha com sentimentos, simbolismos e imagens. Portanto, se você disser "eu não quero ganhar peso", a imagem e o sentimento que estão sendo projetados são sobre "ganhar peso". Mais produtivo é afirmar: "Eu me sinto esbelta e feliz com o meu corpo".

É importante ressaltar que você não está pedindo ao seu subconsciente; está *dando uma ordem*, trata-se de um decreto mental. Você deve exercer a autoridade e *ordenar*, pois é um direito divino seu. Você herdou do Universo um terreno infinitamente fértil (seu subconsciente), mas precisa tomar posse dele e começar a tirar as ervas daninhas que estão lá. Você não é um mendigo, é o herdeiro, então *tome posse*! Durante o **R** (**Reflexão**) do Método RFID, refletimos sobre algumas crenças negativas, e agora é hora de você virar o jogo e preparar o terreno para o grande plantio que aprenderá a fazer no próximo capítulo do livro.

Essas ordens ou decretos podem ser dadas em frente ao espelho, em um local em que esteja sozinho ou em contato com a natureza. Eu já fiz esse exercício inúmeras vezes dentro do meu apartamento, dando gritos ao meu subconsciente. Certamente os vizinhos devem pensar que sou maluco, mas, como eles não pagam minhas contas, podem pensar o que quiserem. Se preferir, você pode fazer dentro do carro com as janelas fechadas e o rádio ligado. O importante é realmente "botar ordem no barraco", dando gritos se achar necessário. Lembre-se de vivenciar o sentimento que está declarando; não é tanto a frase em si, mas o sentimento que você coloca ao fazer a declaração. Finalmente, também é possível fazer isso em estado meditativo sem precisar se exaltar; falaremos disso mais adiante. Na técnica da declaração afirmativa em particular, a intensidade do sentimento e da autoridade é imprescindível. Eis um exercício: escreva três crenças negativas e três crenças positivas para substituí-las.

Crença negativa: _____
Nova crença: _____
Crença negativa: _____
Nova crença: _____
Crença negativa: _____
Nova crença: _____

Regra dos dez segundos: responder ou reagir a pensamentos e eventos externos?

Uma maneira de evitar que a sua frequência vibratória caia é aprender a responder a pensamentos e eventos externos em vez de meramente reagir. Responder implica tranquilidade e ciência sobre o que se irá fazer. A reação, no entanto, é um impulso sobre o qual temos pouco controle, geralmente um ato impensado, sem medir as consequências. Tanto para pensamentos internos recorrentes como para eventos externos que acontecem em nossa vida, é importante sempre termos dez segundos de reflexão antes de nos pronunciarmos. Esses dez segundos de processamento são determinantes para você se estabilizar e não baixar sua frequência.

Responder não traz a urgência e permite uma reflexão sobre o tema em pauta. Já reagir, como mencionamos, é praticamente um reflexo condicionado no qual não há tempo para ponderar sobre o assunto ou evento externo. Obviamente, esse é um exercício que leva tempo para dominar, mas saber que você tem a possibilidade de tomar dez segundos antes de se engajar em qualquer ação é uma grande ferramenta da inteligência emocional. Ao desenvolver a habilidade de responder em vez de reagir, você terá maior controle da sua vida e dos seus resultados. Como disse o psicólogo e sobrevivente do holocausto Viktor Frankl: "Tudo pode ser tirado de uma pessoa, exceto uma coisa: a liberdade de escolher sua atitude em qualquer circunstância da vida".

Digamos, por exemplo, que você tenha sido fechado no trânsito por um carro. Há algumas possibilidades de como agir. A primeira seria xingar ou se irritar profundamente pelo fato de ter sido fechado por um motorista imprudente. A segunda seria conceber que o motorista estava distraído e não fechou você por mal. A maneira como você significar o evento será a maneira como vai se sentir. Os pensamentos são sempre o prelúdio do que sentiremos, portanto os dez segundos farão diferença em como você se sentirá no final das contas. No exemplo da fechada, será a diferença entre ficar irritado e baixar sua frequência ou seguir desfrutando do seu dia, em uma frequência de alegria. Pensando bem, quem nunca se distraiu e fechou o carro ao lado? Estressar para quê?

RESSIGNIFIQUE EVENTOS

> *"Se existe um segredo para o sucesso, ele está na habilidade de entender o ponto de vista do outro e, ao mesmo tempo, manter o seu próprio entendimento".*
>
> Henry Ford, empresário e engenheiro mecânico estadunidense, fundador da Ford Motor Company

A metacognição nos ajuda a manter uma frequência saudável de pensamentos e a fazer um trabalho para ressignificar aqueles que são negativos. Ressignificar nada mais é do que dar um novo significado, que nos faça bem e promova resultados mais produtivos para a nossa vida.

Digamos, por exemplo, que você se dedicou muito anos a uma empresa, mas, por questões de mercado, ela foi à bancarrota e você perdeu o emprego do dia para noite. Nesse caso você tem algumas formas de significar o evento: pode se revoltar e entrar em estado de desânimo, pois havia trabalhado com muito afinco, ou, em contrapartida, pode significar o evento como uma oportunidade de entrar em uma nova empresa e aplicar todo o conhecimento que adquiriu na companhia que faliu. Não é que você deva forjar uma desculpa para se sentir melhor; é mera questão de como interpretar eventos. Entre uma interpretação positiva e uma negativa de fatos externos, escolha a positiva.

Quando estudei com o escritor e palestrante Jack Canfield, no Arizona, em 2019, aprendi uma fórmula bastante simples, mas de grande sabedoria. A fórmula é a seguinte:

$$F + R = RF \text{ (Fato + Resposta = Resultado Final)}$$

Jack Canfield explica que os fatos (F) que surgem no caminho muitas vezes estão fora do nosso controle; esse é o F da fórmula. No entanto, a nossa resposta ao evento (R) é o que determinará o resultado final (RF). Em suma, muitas vezes não temos controle sobre os eventos externos, mas sempre temos controle sobre a resposta (R) e o significado que daremos ao evento. Ao se deparar com um evento desfavorável, em vez de **reagir**, pense com calma e **responda** de forma consciente e inteligente. Como falamos anteriormente, sempre temos a prerrogativa de responder, e não de reagir, a um evento.

Digamos, por exemplo, que você tenha estudado muito e prestado concurso para um cargo público. Infelizmente, por poucos pontos, você não passou nessa primeira tentativa. Nesse caso, o fato (F) é você não ter passado no concurso. O resultado final (RF), no entanto, irá depender da sua atitude diante o evento. Em suma, você pode desistir do cargo público que almejava ou redobrar os estudos e prestar o concurso em uma próxima ocasião. No final das contas, é a sua resposta (R) que determinará o resultado final (RF). Essa é a arte de responder de forma positiva e inteligente a qualquer evento externo e ressignificá-lo de maneira positiva.

Certamente, ao desenvolver as ferramentas que estamos discutindo neste livro, você não se curvará diante de eventos inusitados. Você terá uma resposta (R) que o manterá no caminho que decidiu seguir. Lembre-se de que um fato (F) ou evento externo pode estar fora do nosso controle, mas a nossa resposta (R) é sempre uma escolha consciente que determinará o resultado final (RF).

Lembro como se fosse ontem que me senti um *looser*, um perdedor, quando fui mandado embora da DirecTV. Eu não conseguia aceitar que tinha deixado escapar das minhas mãos uma oportunidade tão maravilhosa em uma empresa como aquela. Na época eu não tinha as ferramentas emocionais que tenho hoje para ressignificar o evento como um aprendizado. Eu simplesmente me culpava noite e dia pelo que havia ocorrido. Obviamente, essa forma unilateral e autopunitiva de ver o fato (F) só me fazia sentir ainda mais depressivo. Hoje, olhando para trás, vejo que os aprendizados nessa grande empresa me trouxeram habilidades que uso até hoje, e alguns dos amigos que fiz lá ainda fazem parte da minha rede de amizades. Se pensarmos bem, nenhum de nós nasceu em uma determinada empresa, portanto, muito mais valioso que um cargo é o nosso conhecimento e o que fazemos com ele. Eu hoje *estou* proprietário da DMZ Connection, mas não tenho apego à empresa; ela trabalha para mim, não o contrário. Amanhã posso vendê-la e buscar outras experiências e aprendizados. Ninguém nasceu engenheiro, empresário, vendedor, atleta, muito menos na empresa em que trabalha. Nós simplesmente *estamos* exercendo essas funções em lugares que, eventualmente, podem mudar por circunstâncias externas ou pelo nosso próprio desejo.

Quando temos a nossa identidade ligada a um cargo ou a uma empresa, estamos entrando no jogo do ego e nos limitando, pois somos muito mais que qualquer cargo, empresa, lugar ou status. Todas as experiências que vivenciamos sempre trazem aprendizados que servirão de pontes para as próximas conquistas profissionais ou pessoais.

Aprendi ao longo da vida que não somos pagos pelo conhecimento que temos, e sim pelo que fazemos com esse conhecimento. Você certamente deve ter encontrado pessoas com um currículo acadêmico fantástico, mas que têm muita dificuldade no mercado de trabalho. Por que isso ocorre?

Ocorre porque, sem ação, experiência prática e resultados concretos, o conhecimento é somente obesidade mental. Uma vez que souber como utilizar seu conhecimento e multiplicar seus talentos, você começará a ser valorizado no mercado e crescerá de forma muito rápida, independentemente da área em que estiver.

Se você enfrentou perdas, momentos difíceis, humilhação, turbulência econômica ou qualquer outro desafio, saiba tirar as melhores lições desses eventos e ressignificá-los como passos no aprendizado na grande escola da vida. Eu não me atreveria a dizer que ressignificar eventos difíceis é uma tarefa simples, mas, por experiência, sei que é possível transformar desafios em musculatura emocional e espiritual para entrar em frequências mais prósperas e felizes.

AUMENTANDO A FREQUÊNCIA PELO PERDÃO E PELO AUTOPERDÃO

> *"O fraco nunca perdoa. O perdão é um atributo do forte."*
> Mahatma Gandhi

O perdão é a melhor forma de aumentar a nossa frequência, deixando para trás aqueles que fizemos prisioneiros por seus erros. É libertar a si e aos demais para prosperarem e viverem sem essa amarra espiritual e emocional negativa que envolve todos os que sentem culpa ou culpam os demais. Como se costuma dizer, "o perdão é a melhor vingança".

Falamos no começo do livro sobre alguns dos bloqueios que desenvolvemos durante a nossa infância, seja por alienação, pais desatentos etc. Como a nossa mente não tinha maturidade para processar ou ignorar certas mensagens que nos foram transmitidas, existem muitos bloqueios da infância que podem nos atrapalhar na vida adulta. Alguns deles são:

- **Bloqueio de criatividade** (quando recebemos críticas constantes de pais, professores e figuras de autoridade. Críticas a crianças por serem muito sonhadoras ou avoadas).
- **Bloqueio afetivo** (quando houve um divórcio, maus-tratos, uso de termos ofensivos, pais ausentes, perdas etc.).
- **Medo de rejeição** (quando havia um ambiente onde a criança era muito criticada, comparada com o irmão e não lhe era permitido se expressar com naturalidade).
- **Medo de abandono** (quando os pais abandonaram a criança física ou afetivamente ou no caso de falecimento de um dos pais).
- **Escassez** (pessoas nascidas na pobreza, em países em guerra, filhos de pais que enfatizavam a dificuldade, a falta e a adversidade).

Há vários outros tipos de bloqueios, e todos eles refletem, de uma forma ou outra, em um adulto com baixa autoestima, baixa capacidade criativa e com uma grande necessidade de aprovação dos outros. Esses bloqueios também podem criar desafios na vida afetiva e na habilidade de confiar em outras pessoas. Talvez você tenha passado ileso por isso, mas, de forma geral, todos temos algum tipo de bloqueio. Como veremos, ter bloqueios não é nenhum bicho de sete cabeças depois que decidimos encará-los. Aos bloqueios da infância se somam os arrependimentos ou culpas das nossas próprias burradas e escolhas equivocadas na vida adulta. Em resumo, sempre tem alguém que precisamos perdoar.

Praticar o autoperdão é, para muitos, mais difícil do que perdoar aos outros, embora o autoperdão e o perdão tenham uma relação direta, como veremos mais à frente. A culpa é o maior bloqueio de todos, é o cadeado de uma das maiores prisões emocionais e espirituais, sendo que só nós mesmos temos a chave para abri-lo. A culpa nos consome e nos deixa atados a ações que cometemos erroneamente ou não.

Inúmeras vezes inventamos e absorvemos culpas pelas quais nem sequer somos responsáveis – uma autossabotagem gigantesca. Isso é muito mais comum do que se pensa. Pelo mau uso da nossa imaginação ou pela manipulação emocional de terceiros, abraçamos culpas pelo fracasso de pessoas que amamos, pela morte de um ente querido, pelo fim de um relacionamento, por filhos que tomam caminhos errados, por ficarmos doentes, por não sermos como os outros querem e por tantas outras razões. Na maioria dos casos mencionados, *não é nossa culpa*, mesmo assim nos colocamos em um calabouço de tristeza e jogamos a chave fora.

Invariavelmente, essas "culpas" são expectativas e autocobranças totalmente equivocadas, fruto da má gestão da nossa mente. Ainda que você realmente tenha feito algo errado em um momento e isso pese em sua consciência, é hora de pegar o aprendizado do erro e jogar fora o peso da culpa que carrega. A seguir você verá um exercício muito eficaz para perdoar a si mesmo e aos outros, o que limpará o seu subconsciente para que você possa acessar com mais facilidade a frequência do sucesso e prosperar.

A culpa não serve para absolutamente nada a não ser para que tomemos consciência de nossos erros e nos comprometamos a agir de forma mais adequada no futuro. Como disse Jesus em tantas ocasiões: "Vá e não peques mais". Você nunca viu uma passagem de Jesus em que ele disse "ajoelhe no milho e reze trinta ave-marias".

Mas o que é o pecado?

Tenho um problema sério com a palavra "pecado", pois ela tem um peso negativo gigantesco e pouco produtivo; prefiro "equívoco". Ainda assim, se tivesse que definir a palavra "pecado", eu a definiria da seguinte forma: pecado é pensar ou agir contra a sua consciência em um determinado momento da vida.

Você não culparia uma criança de dois anos por colocar o dedo na tomada, culparia? Mas, se um adulto, sem razão alguma, colocar o dedo em uma tomada 220 V e levar um choque, isso será fruto de pura insensatez. Em resumo, com a evolução da nossa consciência, cresce a responsabilidade pelos nossos atos.

Historicamente, as religiões atrelaram culpas e penas aos pecados, sendo que o pecado nada mais é que um equívoco no caminho do aprendizado e da maturidade emocional e moral. Isso não quer dizer que um erro não será punido. Seja pela sociedade, pela consciência da pessoa ou pela lei da ação e reação, nossos atos equivocados sempre trarão uma consequência negativa. Em hebraico, a palavra pecado, *chet,* quer dizer erro. Já se olharmos a etimologia da palavra pecado em latim, veremos que vem de *peccatum,* que significa tropeçar, dar um passo em falso, enganar-se. E quem nunca se enganou? Como disse Jesus: "Que atire a primeira pedra quem estiver livre de pecados...".

Perdoar os outros é um ato libertador se você quiser ter sucesso e viver em uma frequência de paz e alegria. Se estivermos amarrados a uma pessoa por rancor e ressentimento, vibraremos nessa frequência baixa. É hora de nos libertarmos dessa bagagem para prosperar e deixar que a outra pessoa também prospere. Quando culpamos o próximo por um erro real ou imaginário, criamos uma atmosfera psíquica tóxica, uma onda vibratória que faz mais mal a nós mesmos do que à pessoa a quem culpamos.

Essa atmosfera psíquica tóxica o mantém confinado a uma vibração negativa, dificultando que você tenha uma boa autoestima, relacionamentos saudáveis e que prospere em sua vida. Você até pode prosperar economicamente, mas viver com culpas do passado debilita o emocional e causa problemas em outras áreas da vida. Como vimos, o sucesso é o equilíbrio de várias áreas, não só da área financeira.

Tomo novamente a sabedoria de Jesus para ilustrar o ponto em questão. Vejamos algumas das várias ocasiões em que Jesus nos fala da importância do perdão. Sem dúvida alguma, a maior evidência está nos próprios versos da oração Pai Nosso, na qual Jesus nos ensinou: "... perdoa as nossas dívidas, assim como perdoamos os nossos devedores".

Logo após ensinar a oração, Jesus diz, em Mateus (6, 14-15): "Pois, se perdoarem as ofensas uns dos outros, o Pai celestial também as perdoará a vocês. Mas, se não perdoarem uns aos outros, o Pai celestial não perdoará a ofensa de vocês".

Ainda reiterando essa mesma chave mestra, em Mateus (7, 1-4), Jesus diz: "Não julguem, para que vocês não sejam julgados. Pois da mesma forma que julgarem, vocês serão julgados; e a medida que usarem também será usada para medir vocês". Nessa frase, Jesus enfatiza que, com a mesma rigidez que julgarmos os outros, seremos julgados. Não é possível ter dois pesos e duas medidas. Isso acontece no nível subconsciente, pois quem é muito duro com os outros também é duro consigo mesmo.

A rigidez não liberta nem a nós nem a outra pessoa. Ao contrário, ela gera um ciclo de intolerância que nos mantém atados de forma vibracional a sentimentos negativos e nocivos. A nossa consciência, quando é violada por nós mesmos, pede punição e aciona a ação de causa e efeito. Portanto, quando presenciar alguém "pecando", evite o julgamento e saiba que a punição (lição) virá de uma forma ou de outra. A lei da ação e reação se aplica tanto à física quanto às leis espirituais.

Finalmente, em uma nota mais pessoal, confesso que só prosperei emocionalmente e financeiramente depois que consegui perdoar os meus pais e me tornar grato pelos desafios que passei na infância. Quando realmente consegui perdoá-los, foi como se eu tivesse tirado 50 quilos dos meus ombros, e minha vida começou a fluir melhor em todos os aspectos. Vale lembrar que cada um faz o que pode de acordo com o seu grau de evolução moral e emocional em determinado momento; não há razão para culpar ninguém. Se ainda carrega mágoas de pessoas vivas ou falecidas, você pode usar o exercício de visualização a seguir para perdoar e subir a sua frequência emocional.

Exercício do perdão

Em seu quarto ou em um local tranquilo, visualize você de frente para a pessoa por quem você tem ressentimento e explique a ela como se sente em relação aos atos ou comportamentos que feriram você. No começo desses ensaios mentais, a raiva poderá aflorar, e você pode descarregá-la com socos em um travesseiro ou mesmo "na pessoa", recorrendo à sua imaginação. Depois que passar por esse acesso de raiva, comece a lembrar que nada é pessoal e que a pessoa que feriu você fez o que pôde com a maturidade emocional que tinha naquele momento; não foi pessoal. Após ultrapassar essa energia densa de raiva e, possivelmente, uma crise de choro, é hora de visualizar a reconciliação acontecendo.

Mesmo que haja muitas emoções vindo à tona, mantenha a visualização e procure abrandar os sentimentos de rancor que estão no seu coração. Agora é hora de você mentalmente abraçar essa pessoa e dizer "eu te perdoo, pois sei que você não tinha consciência do que fez. Fique em paz, pois estou com meu coração purificado".

Se a pessoa já é falecida, siga os mesmos passos. No entanto, após se reconciliar com ela, você pode imaginar essa pessoa se afastando por uma estrada de terra cercada de flores e lindas árvores, como se estivesse se despedindo dela. É o momento de deixar aqueles que se foram seguirem seu caminho. Muitas vezes não são os mortos que incomodam os vivos, mas os vivos que atrapalham os mortos. Deseje paz a essa pessoa e vibre amor por ela. Tudo e todos que passam pela nossa vida nos trazem crescimento de uma forma ou de outra.

Exercício do autoperdão

Quando falamos em perdoar a nós mesmos, o exercício segue a mesma rotina; no entanto, o encontro será com você mesmo. Imagine que está se encontrando com um "outro você". Agora olhe nos seus olhos e diga para si: "Eu te amo e te perdoo. Você fez o que sabia no momento e está tudo bem".

Imagine com os olhos da mente você se dando um abraço e acolhendo esse "outro você". Se você se enxergar como uma criança ou mais jovem, não se espante. É comum que o "outro você" se apresente na idade em que a culpa foi contraída. Simplesmente abrace esse "outro você" e o console, dando-lhe o amor e a aceitação de que precisa. Muitas vezes foi a nossa criança interior que ficou presa em um momento de dor; é hora de libertá-la para que o seu "eu adulto" possa vir à tona de forma saudável e equilibrada. O autoperdão permitirá ao seu "eu adulto" viver laços afetivos com mais intensidade, usar sua criatividade no trabalho e na vida pessoal e, mais importante, equilibrar o seu ser.

Agora que passamos pelo **R** de **Reflexão** e pelo **F** de **Frequência** do Método RFID, é hora de dar o grande salto para aprendermos a utilizar melhor a nossa **Imaginação**, o **I** do método.

CAPÍTULO 6

IMAGINAÇÃO: O I DO MÉTODO RFID

"O mundo da realidade tem seus limites; o mundo da imaginação é infinito."

Jean-Jacques Rousseau, filósofo e escritor francês

A letra **I** do Método RFID se refere ao poder da **Imaginação** para o processo de cocriação da sua realidade.

Eu me dei conta do poder de criação que tinha antes mesmo de entender de forma mais teórica sobre o poder de criação que nos foi dado pelo Criador. Quando eu era vendedor na concessionária da Dodge em Glendale, na Califórnia, em certo momento um pensamento obsessivo me dominou: eu seria um dos melhores vendedores daquela agência de automóveis. Avaliando as minhas possibilidades nessa época, era praticamente impossível que esse desejo se tornasse realidade, pois havia mais de dez vendedores muito mais experientes do que eu.

Sem saber exatamente o que fazia, eu usava a técnica do diálogo interno construtivo para combater minha insegurança advinda do despreparo natural da idade. Apesar dos pensamentos negativos, meu desejo de ser um dos melhores vendedores era intenso e eu me visualizava constantemente assinando contratos de venda, sem saber exatamente que estava em um processo de criação de realidade. Na época, o gerente de vendas, Bobby Shabbaz, me chamava ironicamente de *Mr. Nice Guy*, ou seja, "o cara bonzinho", que só levava os clientes para os test drives, mas não conseguia fechar as vendas. Toda vez que ele me via, tirava sarro de mim dizendo *"Hey, Mr. Nice Guy"*, tratando de me cutucar para que eu fosse mais assertivo nas negociações com clientes.

Os primeiros seis meses foram de pura frustração. Apesar do desejo intenso, meus resultados estavam abaixo da média. Não havia a menor chance de que eu alcançasse aquele objetivo de ser o melhor vendedor da concessionária. Talvez o gerente de vendas Bobby Shabbaz tivesse razão ao dizer que eu não era nada mais que um "cara bonzinho". Ainda assim, minha imaginação continuava fixada no dia em que eu receberia a tão sonhada placa de melhor vendedor. Eu me esforçava aprendendo mais informações técnicas sobre a linha de veículos Dodge e, mais importante ainda, aprendia a ser mais assertivo a cada dia.

Pouco tempo depois de completar um ano na concessionária, minha visão se concretizou e eu me tornei o melhor vendedor do mês. Alguns meses depois, vendi duas unidades do Viper em um só dia. De forma ainda inconsciente, percebi que o meu desejo intenso havia se convertido em realidade por meio do uso da minha imaginação (imagem em ação). Desde então, busquei entender mais sobre o poder de criação que todos temos à nossa disposição.

ACESSANDO O PORTAL PARA TODAS AS GRANDES CONQUISTAS

"O que você planta em sua mente subconsciente é o que você colhe em seu corpo e no ambiente externo."

Joseph Murphy, autor do livro *O poder do subconsciente*

A mente subconsciente é o grande portal para acessar e cocriar todos os nossos desejos ardentes. O subconsciente não dita o que é certo ou errado, somente traz à realidade os seus pensamentos e sentimentos mais intensos e frequentes. Foi por essa razão que começamos o Método RFID fazendo uma **Reflexão (R)** e elevando a **Frequência (F)** de nossos pensamentos e sentimentos. Como disse o mestre Jesus: "Orai e vigiai", pois esse é o preço para que estejamos a maior parte do tempo em uma frequência do sucesso.

Agora vamos aprender a acessar esse grande portal da nossa mente subconsciente e utilizar a imaginação a nosso serviço. Quanto melhor gerenciarmos a nossa imaginação, mais próspero, saudável e feliz serão o nosso "eu-presente" e o nosso "eu-futuro".

Para acessar esse portal divino, ajuda muito entrar no estado alfa, um estado meditativo em que as ondas cerebrais diminuem a velocidade, criando um estado popularmente chamado de zen. O estado beta, em contrapartida, é o estado mental no qual navegamos durante o nosso dia a dia, um estado normal para realizarmos as coisas do cotidiano, mas que não permite a impressão de desejos em nosso subconsciente. As pessoas que estão sempre com a mente acelerada num modo de sobrevivência e estresse estão vibrando em um estado de beta alto, que é o nosso estado de alerta extremo. É por isso que aqueles que estão com a mente sempre superocupada e em estado frenético raramente conseguem tempo para cocriar o que desejam para a vida.

Se você não tem tempo para cocriar o seu "eu-futuro" por meio do seu subconsciente, acaba se tornando uma repetição de padrões de pensamentos e sentimentos antigos. Como diz uma citação popularmente atribuída a Einstein: "A definição de insanidade é fazer sempre as mesmas coisas e esperar resultados diferentes".

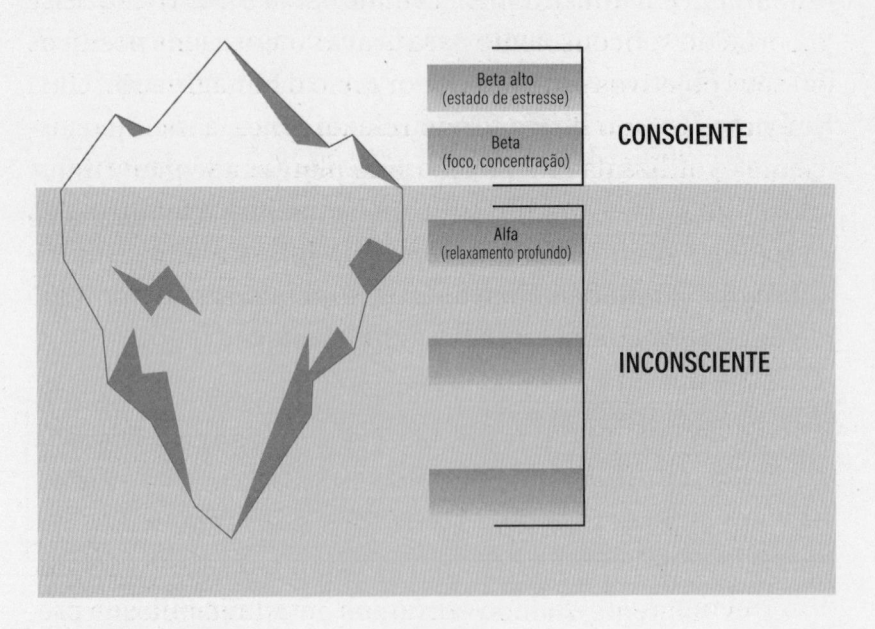

Figura 3

MÉTODOS PARA ACESSAR A FREQUÊNCIA ALFA DO NOSSO CÉREBRO

> *"Você precisa primeiro ter consciência do seu poder, depois a coragem de utilizá-lo e, finalmente, a fé para concretizar o que deseja."*
>
> Charles F. Haanel, autor do livro *A chave mestra*

Um dos métodos mais comuns para acessar o estado alfa é a meditação. A meditação permite que as ondas cerebrais trabalhem em uma frequência mais baixa e que você acesse o portal do subconsciente para gravar mensagens positivas ou seus objetivos específicos por meio da imaginação. Uma vez nesse estado de profundo relaxamento, a mente consciente se utiliza da imaginação para plantar a semente (força masculina) e germinar o subconsciente (força feminina da criação) e gerar o fruto (o objetivo). Em suma, a semente (desejo) é plantada na terra fértil (subconsciente) por meio do agricultor competente (imaginação focada).

Desejo + Estado alfa + Mente consciente guiando a imaginação = Objetivo
Semente + Terra fértil + Agricultor competente (mente consciente) = Fruto
Masculino + Feminino + Inseminação do desejo = Geração

É exatamente quando entramos no estado alfa que precisamos começar a semear os nossos desejos mais ardentes nessa terra fecunda que herdamos do Criador, também conhecida como subconsciente. Diferentemente da mente beta, que está superocupada com os temas do dia a dia, a mente na frequência alfa permite um contato mais próximo do nosso subconsciente (força feminina), que é o portal das infinitas possibilidades da criação. É por meio desse portal que você irá semear os desejos (força masculina) que almeja para o seu "eu-futuro".

FORMAS DE ENTRAR NO ESTADO ALFA

"Tudo o que somos é o resultado do que pensamos. A mente é tudo, pois o que pensamos, nós nos tornamos."
Yogi Maharishi, fundador da meditação transcendental

Como mencionei, vinte anos atrás tive minhas primeiras experiências com a meditação, após conhecer a meditação transcendental. No começo era bastante difícil, pois, embora eu tentasse acalmar a minha mente, os pensamentos não paravam de vir à tona. A mente tagarela não dava muita trégua, e precisei de várias tentativas até finalmente conseguir entrar em um estado de relaxamento.

Uma das dicas que me ajudaram foi usar a metacognição e simplesmente "olhar" os pensamentos que vinham à tona, como se fossem nuvens que passavam em um céu azul. A dica foi muito proveitosa, pois quanto mais eu lutava com os pensamentos, mais eles pareciam aflorar. Ao estudar mais sobre como entrar no estado alfa, deparei com os estudos de um cardiologista e professor da Escola de Medicina de

Harvard chamado Herbert Benson. Na década de 1980, o dr. Benson começou a estudar de forma sistemática como entrar em estado alfa, também chamado de estado de relaxamento profundo. No começo, dr. Benson estudou a técnica da meditação transcendental, fundada pelo Yogi Maharishi Mahesh.

Na meditação transcendental, o estudante recebe uma palavra-chave específica e secreta que ajuda no processo de relaxamento e meditação. A palavra-chave concedida serve como uma âncora que leva você para dentro de si, desligando parcialmente sua mente do mundo externo (mente beta). Embora a meditação transcendental tenha ganhado muita fama no mundo ocidental e tenha exponentes importantes como Paul McCartney, Jerry Seinfeld, David Lynch, Oprah Winfrey, Tom Hanks e Ray Dalio, o dr. Benson descobriu por meio de estudos clínicos e de eletroencefalogramas (EEG) que há outras formas de chegar ao estado alfa sem ser por meio de uma palavra-chave específica ou pela escola de meditação transcendental de Maharishi.

Depois de inúmeros experimentos, o dr. Benson descobriu que qualquer indivíduo pode escolher uma palavra-chave ou frase e, ao repeti-la com os olhos fechados, também consegue alcançar um estado de profundo relaxamento. Digamos, por exemplo, que você se coloque numa posição confortável, num lugar calmo, e repita a palavra "amor" ininterruptamente. Ao repetir a palavra "amor", sua mente consciente dará espaço para que você entre nesse estado alfa de relaxamento e acesse o grande portal do subconsciente.

Dr. Benson foi além e verificou com base em EEGs que há várias outras formas de entrar no estado alfa que não derivam exatamente da meditação. Ele estudou pessoas que rezavam o terço, que faziam movimentos repetitivos, como os judeus no muro das lamentações, pessoas que cantavam hinos de louvor, ritmos de percussão em tribos africanas, entre outras atividades que "desligavam" a mente beta e permitiam esse relaxamento progressivo. Em resumo, dr. Benson desmistificou o estado alfa e trouxe à luz o fato de que há milênios existem rituais, músicas e processos que as pessoas utilizavam para acessar a mente subconsciente para curas e para a cocriação de seus desejos mais intensos. Se você tiver curiosidade e quiser se aprofundar, leia o livro *The Relaxation Response* [A resposta do relaxamento], de dr. Herbert Benson.

SEJA O ROTEIRISTA DO SEU PRÓPRIO FILME

"Não importa quão estreita seja a passagem, nem quantas punições constem no pergaminho, SOU MESTRE DO MEU DESTINO, CAPITÃO DA MINHA ALMA."

William Ernest Henley, autor do poema "Invictus"

Muito se fala sobre sermos os protagonistas da nossa própria vida, mas isso pressupõe que alguém escreveu o roteiro dela. Se partirmos do princípio de que temos o livre-arbítrio para escolher nossa profissão, nossos amigos, com quem nos casamos, quais viagens fazemos e assim por diante, fica evidente que podemos não só ser protagonista como também roteirista do nosso próprio filme.

Napoleon Hill dizia que o maior presente que herdamos do Criador é o dom de pensarmos e cocriarmos a nossa realidade; é a herança do reino. Esse autor afirmava que, diferentemente de outras espécies do mundo animal que seguem o instinto, nós, seres humanos temos a possibilidade de transmutar ignorância em lucidez; apatia em compaixão; procrastinação em proatividade; pobreza em riqueza e qualquer desafio em um ativo pessoal.

Não é preciso ser místico para entender que tudo o que vemos e vivemos foi concebido em dois estágios: o primeiro estágio é o mental e o segundo é o físico. Se você olhar para grandes obras da humanidade, como a Golden Gate, o edifício Burj Khalifa, a Torre Eiffel, o Coliseu e a Muralha da China, entenderá que *tudo* foi concebido primeiro na mente de alguém para depois receber a sua forma física. Em suma, o mental precede o físico.

Obviamente, o nosso poder de criação vai evoluindo com o tempo e com as ferramentas que vamos desenvolvendo ao longo da vida. Se fosse tão simples a cocriação, eu mesmo já teria entrado para a lista da *Forbes*, disputando o lugar de homem mais rico do mundo com Bezos e Musk. Digamos que ainda falta um "pouquinho". O poder da cocriação, assim como outras habilidades, precisa de prática e disciplina mental. O mais importante é dar os primeiros passos e nos apoderarmos desse poder natural que todos temos em comum.

Mesmo quando falamos da criação de coisas mais cotidianas como a casa ou o edifício onde você mora, bem antes de haver a planta ou até mesmo os meios para financiar o projeto, alguém idealizou em sua mente o imóvel com todos os detalhes, o primeiro estágio. O idealizador do edifício ou da casa teve uma imagem nítida de como seria a estrutura, quantos andares e, provavelmente, que tipo de acabamento colocaria. Tudo nasceu primeiro no pensamento para depois ser materializado por meio de uma sequência de ações que, no caso de uma edificação, seguirá uma sucessão de passos adotados dentro da construção civil ou da arquitetura.

Como falaremos no passo **D** do Método RFID, a **Determinação**, passos congruentes com os pensamentos imaginados são necessários para a realização do que queremos materializar. Grandes ideias sem ações são apenas grandes ideias e nada mais.

Quando percebemos que somos cocriadores da nossa realidade, desfrutamos de um sentimento libertador que, ao mesmo tempo, implica grandes responsabilidades. Como disse o palestrante e escritor Denis Waitley: "Em todos os países deveria haver uma estátua da liberdade, mas também uma estátua da responsabilidade, construída ao lado do maior presídio do país". Ou seja, a liberdade de cocriar implica a grande responsabilidade da gestão de nossos pensamentos e das nossas ações.

Durante a infância, ouvi meus pais dizerem que todos os acontecimentos eram força do destino e dos desígnios de Deus, cabendo a nós apenas aceitar. Obviamente, esse é um pensamento bastante ingênuo e que tende a trazer resultados ruins, pois torna as pessoas passivas ao invés de proativas. Afinal de contas, se tudo acontecesse unicamente por ordem divina, de que valeria o nosso esforço e o uso do nosso pensamento para forjar o futuro que desejamos? Melhor então seria ficarmos sentados no sofá, esperando os desígnios de Deus se manifestarem.

Internalizando esse conceito de cocriação, compreendemos que temos um papel decisivo no desenvolver da nossa vida e do nosso "destino". Ao entendermos nossa função como criadores em dois estágios, o primeiro passo é assumir a responsabilidade por nossos resultados, sejam eles bons ou ruins. Se os resultados não estão muito bons, é bastante provável que o nosso processo de criação e gestão da imaginação ainda precise de ajustes. Por isso a importância de trabalharmos bem o **R**, de **Reflexão**, e o **F**, de **Frequência**, do Método RFID, aumentando a nossa *vibe* para acelerar o nosso poder de criação. Quando conseguimos elevar a nossa frequência e fazer uma gestão ativa dos nossos pensamentos e sentimentos, os resultados são sempre excepcionais.

Qualquer agrônomo ou jardineiro tem total ciência de que a qualidade da semente e do solo são fatores-chave para se ter uma boa colheita. As condições climáticas podem afetar a colheita, mas não temos controle sobre esses fatores externos. O que importa é fazermos a parte que está sob nosso controle e aguardar que o Universo faça o restante. Uma plantação feita com cuidado e com sementes selecionadas pode não render a safra que se deseja por uma variação climática de uma estação. No entanto, se essa forma cuidadosa de plantar for adotada a cada estação de plantio, em médio prazo teremos prosperado com grandes colheitas: essa é a lei da semeadura. Convido você a refletir sobre ela.

Preparando a terra para a semente

O preparo da terra é de suma importância em qualquer plantação. Se a terra não for devidamente preparada e arada, nem as melhores sementes conseguirão dar vida a seu imenso potencial. A preparação da terra é justamente o que fizemos nas partes **R**, de **Reflexão**, e **F**, de **Frequência**. Primeiro tivemos que avaliar o terreno (reflexão), limpar a terra das ervas daninhas (crenças negativas) e depois melhorar a qualidade da terra (frequência). Uma vez que a terra esteja o mais limpa e fértil possível, é hora de pensarmos em qual semente (desejo) iremos plantar.

A escolha da semente

Quais são os seus desejos mais intensos? Qual semente você deseja plantar? A semente é onde tudo começa; não há frutos de qualidade se ela não for rigorosamente selecionada. Ao mesmo tempo, a semente é sempre o mais barato no processo do plantio. Uma semente de alta qualidade (desejo ardente) pode nos render centenas de frutos para cada semente plantada, enquanto uma semente ruim nos dará menos da metade da colheita. Vale lembrar que não é possível plantarmos diversos tipos de sementes em um mesmo solo na mesma estação; precisamos ter foco.

Uma semente de alta qualidade não só dará maior quantidade de frutos como nos dará frutos de maior qualidade e, portanto, de maior valor de mercado. Tomemos uma mangueira como exemplo. É uma árvore frutífera que nasce de uma semente que, em poucos anos, ganha uma copa gigante e entrega centenas de mangas por estação. É o dom divino da multiplicação em evidência, o sopro de vida que traz de UMA semente, o esplendor de uma mangueira, que pode permanecer décadas em produtividade.

Imaginemos que caos seria se a semente de manga tivesse uma crise de identidade, acreditando que a sua única função era a de dar sombra aos moradores de um bairro, sem florescer e dar frutos. É incabível pensar em uma tolice dessa, pois uma semente tem um propósito claro e não questiona seu dom e o propósito que lhe foi confiado. Esse questionamento é justamente o que ocorre quando nutrimos muitas inseguranças sobre os nossos desejos, duvidando da nossa capacidade de cocriação e de nossas habilidades divinas. A semente de uma mangueira tem consciência de sua identidade: ela é uma árvore frutífera em potencial e, apesar de pequena, sabe aonde vai chegar, desde que alguns outros fatores estejam presentes. Ela sabe que sua missão é crescer, florescer e dar frutos; isso está em seu DNA, na sua natureza.

Assim como uma semente de manga, temos em nós um DNA de grandeza para materializarmos grandes realizações. Cada pensamento que geramos é uma semente com potencial de criação de um fruto da mesma natureza, daí a importância de gerirmos a nossa imaginação e pensamentos com o máximo de atenção. Lembremos do que nos ensinou o filósofo chinês Lao Tzu: "Vigie seus pensamentos, pois eles se tornam palavras; vigie suas palavras, pois elas se tornam ações; vigie suas ações, pois elas se tornam hábitos; vigie seus hábitos, pois eles formam seu caráter e, consequentemente, seu destino". Em suma, a força de um pensamento nascido com um propósito nobre e cultivado em uma terra fértil (subconsciente limpo) sempre dará frutos maravilhosos.

Qual o propósito da sua semente?

A semente de mangueira só poderá se tornar uma árvore produtiva caso se entregue para o seu propósito, transformando-se em algo infinitamente maior. A semente deixa de ser potencial quando o embrião explode em vida e cruza a escuridão da terra onde foi plantada para exercer o seu propósito. Os primeiros ramos vão ganhando força e, alguns anos depois, os ramos serão galhos carregados de frutos.

Nossos sonhos, de forma idêntica, devem abandonar o plano mental (primeiro estágio) para ganhar espaço no universo dos planos e ações. É o começo da transmutação de um pensamento em realidade. Aí vem a pergunta: qual o propósito das suas sementes (desejos)? São sementes da alma ou são sementes do ego? Esteja atento, pois as sementes que vêm do ego costumam ter baixa produtividade e muitas vezes seus frutos são amargos. As sementes e desejos da alma, no entanto, são doces e nos saciam a fome de autorrealização.

Nosso DNA espiritual, ou nossa alma, tem a função de multiplicar e servir frutos para a geração atual e futura. A semente de autorrealização em nós está sempre buscando caminhos para se expressar e vir à tona. Fomos feitos à imagem e semelhança do Criador para exercer o nosso poder de cocriadores, portanto temos a *obrigação* de exercer o dom que nos foi concedido de germinar. Sementes guardadas em um armazém criam fungos e acabam por apodrecer. Lembremo-nos da parábola dos talentos de Jesus: o nosso talento deve ser multiplicado e compartilhado com o mundo, não podemos "enterrá-los". A única coisa que podemos enterrar é a semente dos nossos desejos, no subconsciente, para que ele venha a se manifestar.

Visualização criativa

A visualização criativa pode ser comparada ao sol que anima e dá vida ao nosso planeta, sem o qual nenhuma árvore frutífera ou vida poderia existir. A visualização criativa que faremos durante todo o processo de cocriação é baseada na imaginação e na fé, que precisam estar sempre presentes, desfrutando antecipadamente do fruto que está por vir. Ter fé e uma imaginação vívida significa poder ver os galhos antes mesmo que a semente germine; é poder cheirar as flores antes mesmo que nasçam; é saborear os frutos mesmo enquanto são flores. A fé é o prelúdio da criação, a antítese do medo e da dúvida, é a entrega absoluta à lei da semeadura.

O fator fé na obtenção de grandes realizações é imprescindível, pois nenhuma realização de médio ou grande valor se materializa sem grandes desafios. Para superarmos esses desafios que se apresentam na jornada, é preciso ter fé e perseverança. É por isso que Jesus disse: "A fé move montanhas", sendo que essas montanhas podem estar dentro ou fora de nós. As montanhas de dentro são as crenças limitantes, enquanto as de fora são os desafios para conquistar qualquer jornada de sucesso.

Vale dizer que não me refiro a uma fé religiosa e cheia de dogmas, e sim à fé nas leis que regem o Universo. Precisamos ter fé no nosso poder de cocriação, no nosso merecimento e no nosso poder de interagir com a inteligência infinita por meio de suas leis. Se você é agnóstico ou ateu, tenha fé em si mesmo! Muitos religiosos podem torcer o nariz para o que vou falar, mas, de fato, vários dos grandes empresários e visionários do último século não eram religiosos ou "espiritualistas", simplesmente tinham absoluta consciência do seu poder nato de cocriação. Mesmo não sendo religiosos, eles aceitaram a "herança" divina sem questioná-la. Curiosamente, muitos religiosos herdaram o grande terreno do subconsciente para o cultivo de frutos de prosperidade e o deixam ser invadido por ervas daninhas, sem se apoderar desse presente concedido.

A técnica de visualização criativa, também chamada de tela mental, consiste em acalmar a mente (entrar em alfa), fechar os olhos e ver seus objetivos se concretizando com os "olhos da mente", a imaginação. Em suma, você entra em alfa para baixar as ondas cerebrais e então começa a visualizar os frutos do seu plantio por meio da imaginação. Nesse processo de acionar a imaginação (imagem em ação), devemos dar o máximo de vida aos nossos objetivos, visualizando-os como se já fossem parte da nossa realidade. Esse processo da imaginação é o que eu chamo de espaço cenográfico sensorial.

Em suma, devemos imaginar os nossos desejos como se já tivessem sido conquistados e dar o máximo de detalhes ao que imaginamos, pois esse é o segredo para que a semente venha a germinar com mais vigor e velocidade. Essa visualização criativa, ou tela mental, deve ter o nosso objetivo repleto de detalhes, cores, cheiros, e o envolvimento de pessoas que, de alguma forma, participarão do resultado final dessa conquista. Agora veremos o último fator primordial: a água.

Irrigando a criação

A água se refere às *ações* que deverão sempre nutrir o plantio, desde a semente até a entrega do fruto. Adiantamos aqui um pouco do que falaremos na parte **D (Determinação)** do Método RFID, pois não haverá crescimento e colheita se a água não estiver presente durante todo o processo de cocriação. Não há grandes realizações sem ações coordenadas em direção ao objetivo almejado.

Embora *O segredo*, de Rhonda Byrne, tenha sido de *imenso* valor para despertar as pessoas ao tema da cocriação, o funcionamento da "lei da atração" foi um pouco romantizado. O fato é que a visualização criativa, em si e por si, não gera resultados. A visualização criativa é parte do processo que vai gerar ideias, inspirações e circunstâncias favoráveis para *tomadas de decisão* e *ação*. Em resumo, é importante destacar que, sem ações congruentes com os nossos objetivos, nada acontece.

Napoleon Hill, Charles F. Haanel, James Allen, Henry Ford, Thomas Edison, Andrew Carnegie e tantos outros líderes do século XX nos deixaram importantes ensinamentos de como trabalhar a mente consciente (imaginação) para plantar no subconsciente os nossos desejos de alma. Quando falo de "desejo de alma", não me refiro a desejos de modas ou de coisas superficiais que só preenchem o ego. Desejos de alma são aqueles desejos de fazer a diferença, de construir um futuro melhor para sua família, de montar um negócio do seu jeito, de servir a sociedade, de crescer espiritualmente, de criar novos produtos e, por que não, de prosperar financeiramente. Mas é importante lembrar que o financeiro não deve ser o fim; ele é uma consequência natural e inevitável quando seguimos o processo de cocriar objetivos que gerem valor *aos outros*.

A tão desejada prosperidade é o resultado natural de um plantio feito da forma correta. Por isso eu quis enfatizar que não podemos nos limitar aos desejos do ego, devendo priorizar o que a alma busca. Se algo queima em seu coração, é hora de abandonar a zona de conforto e começar a vislumbrar os seus próximos passos. Como dizia Napoleon Hill, "o que a mente pode imaginar e acreditar ela pode realizar". Em outras palavras, se Deus lhe deu a visão, lhe será dada a provisão para realizar o que queima no coração.

Em 2014, estive na Califórnia para um evento de palestrantes de alta performance e tive a oportunidade de falar com John Assaraf, que participou do documentário *O segredo*. John, apesar de ser dono de uma imobiliária bilionária chamada Remax Indiana, é um cara muito acessível, e pudemos conversar por alguns minutos sobre o documentário. Ele me disse uma frase sobre a lei da atração que ficou comigo para sempre: *"Inspired thoughts require concrete actions"*; traduzindo o conceito: ideias inspiradoras requerem ações concretas.

Em 2019, fui ao Arizona fazer um curso de alta performance com Jack Canfield, que também participou do documentário *O segredo*. Jack é um escritor de grande sucesso, formado em Harvard, e, diferentemente de muitos conferencistas de alta performance, é um cara pé no chão, tranquilo e com uma visão bastante objetiva da vida e dos negócios. No final do terceiro dia do curso, fui até ele e perguntei qual o método de visualização mais eficaz. Sua resposta foi muito similar à de John Assaraf: "Acalme sua mente (estado alfa) e visualize de forma intensa o seu objetivo para que o Universo traga as circunstâncias favoráveis e a consciência dos próximos passos a tomar".

Confesso que na hora fiquei meio desapontado, pois achei que haveria alguma revelação que me daria um grande diferencial, mas não foi o caso. Assim como na conversa com John Assaraf, foi ressaltada a necessidade de desenvolver ações após recebermos as inspirações ou vermos as oportunidades. Os próprios autores Napoleon Hill, Wallace D. Wattles, James Allen e Charles Haanel, que foram os primeiros a falar sobre a "lei da atração", sempre enfatizaram a necessidade de tomar ações.

Napoleon Hill revelou em seus livros que recebeu inúmeras inspirações divinas durante a vida, principalmente para escrever as suas obras. No entanto, mesmo recebendo essas inspirações divinas, Napoleon Hill passou vinte anos entrevistando quinhentos dos maiores líderes de sua época, até, finalmente, publicar *As leis do sucesso,* em 1928. Particularmente, eu prefiro utilizar o nome "lei da frequência" em vez de "lei da atração", como muitos falam. Quando vibramos alegria, gratidão e otimismo, nós nos sintonizamos com uma frequência que abre portas, traz *insights* e circunstâncias favoráveis em direção ao nosso objetivo. Você não atrai nada; você simplesmente se conecta com determinada frequência. Pense numa conexão wi-fi, por exemplo: ou você está conectado ou não. A conexão com a inteligência infinita pode ser forte ou fraca dependendo de alguns fatores, mas você precisa se conectar a essa frequência, você não atrai a frequência. Se a conexão estiver forte, poderá acessar a "inteligência infinita" de forma rápida e fazer downloads com maior agilidade. O inverso também é verdadeiro, se sua frequência (pensamentos) trafega em dúvida, medo ou insegurança, o sinal diminui drasticamente ou você perde o sinal.

    O rádio é um perfeito exemplo: todos nós já ouvimos uma rádio FM (frequência modulada) e, com um simples toque, podemos sintonizar diferentes estações com estilos de músicas totalmente diversos. Você pode escolher uma estação de rádio alegre que irá reforçar o estado de alegria em que está ou alegrá-lo se estiver chateado. Da mesma forma, se você estiver para baixo e sintonizar uma estação que toca músicas melancólicas, o mais provável é que o seu estado *down* seja potencializado pela música. A frequência ou "estação de pensamentos e sentimentos" à qual nos conectamos está diretamente relacionada com os resultados que temos na vida; essa é a lei da frequência. Como falamos, você é a maior antena receptora e emissora de sinais do mundo: já nasceu com um chip de geração 10G que deve ser utilizado para se conectar de forma consciente com as frequências de amor, alegria e sucesso.

Vamos agora repassar os passos que vimos na parte **I**, de **Imaginação**:

- **Terra fértil:** eliminação ou redução de crenças negativas e aumento da frequência.
- **Semente:** desejo intenso / objetivo de alma.
- **Plantio:** visualização por meio de uma imaginação disciplinada.
- **Sol:** fé (reconhecimento e uso do poder de criação).
- **Irrigação:** ações coordenadas para a obtenção do objetivo.

Exercício de Meditação 3 x 3 (9 Minutos para o Sucesso)

Agora que você tem uma visão mais nítida de como transformar objetivos em realizações por meio do seu poder de cocriação, vamos fazer um exercício de visualização criativa. Use a técnica que chamo de meditação 3 x 3, pois em nove minutos você irá revigorar sua energia e começar a transmutar seus desejos em realidade. Você pode colocar um relógio que bipe a cada três minutos, mas eu não me preocuparia muito com a precisão. O importante é seguir as três etapas.

Primeiramente, encontre um lugar confortável e silencioso onde você possa ter nove minutos ou mais de tranquilidade sem distrações. Se quiser, você pode colocar uma música de meditação que promova um estado de relaxamento. Como revelou o dr. Herbert Benson, de Harvard, há diferentes maneiras de acessar o estado alfa. Portanto, se ouvir música clássica lhe traz paz e um estado de relaxamento, vá em frente. Se ouvir hinos de louvor ou a "Ave-Maria" lhe conecta com um estado de paz, faça isso. Uma vez que esteja confortável e tenha criado um ambiente de paz, é hora de seguir os três passos a seguir.

Três minutos de relaxamento: por três minutos, foque em sua respiração ou crie um mantra pessoal curto para repeti-lo. Ao focar no mantra, seus pensamentos irão se acalmar ou desaparecer por alguns momentos. Como vimos, se você tem uma canção ou uma oração que lhe acalma o coração, esse também pode ser um caminho para entrar em estado alfa. Você pode ouvir essa oração, recitá-la em silêncio ou criar o seu mantra pessoal. Eu, pessoalmente, repito uma pequena frase (mantra pessoal): "Sou feliz, saudável e próspero". O ideal é você "brincar" com diferentes possibilidades e criar a que lhe faz sentir melhor e mais relaxado.

Três minutos de gratidão: por três minutos, procure se lembrar de cinco pessoas e/ou confortos que você considera bênçãos em sua vida. Busque o sentimento de gratidão para que a sua frequência seja elevada. Agradeça por mais um dia de vida, por sua casa, por sua cama macia, pelo abraço dos seus filhos, por seu chuveiro quente, pelo alimento que tem em sua mesa e em outras coisas que inspirem sentimentos leves e de gratidão.

Três minutos de visualização criativa: comece a visualizar o seu desejo mais ardente como se já fosse uma realidade. Busque criar um cenário superdetalhado, em que você possa interagir com pessoas e objetos e desfrutar de cada minuto desse espaço cenográfico sensorial. Ao repetir esse exercício, você chegará a um momento no qual a visualização é tão real que você terá certeza de que é questão de tempo até que o seu objetivo se concretize. A constância da meditação 3 x 3 é uma parte fundamental para que você materialize o que deseja. O tempo que irá passar em cada etapa pode variar; muitas vezes, acabo meditando por mais de 30 minutos. O importante é a constância e você estar em um momento de extrema gratidão quando começar a fazer a visualização criativa.

Exemplo da parte de visualização criativa

Digamos que você esteja buscando uma casa maior e mais confortável para você e sua família. Antes mesmo de começar a visualização, pense nas perguntas a seguir para ser o mais específico possível:

- Quantos quartos tem a sua nova casa?
- Em que bairro fica?
- Como é o portão? Tem um gramado na frente?
- Como são os quartos das crianças? E a cozinha?
- Qual a cor da fachada? É de tijolos à vista ou pintura texturizada?
- Quantos carros cabem na garagem?

Todos esses detalhes devem fazer parte da sua visualização e do espaço cenográfico sensorial que você utilizará para acelerar o processo de cocriação. O toque final é você se imaginar dentro da casa já com a sua família: recebendo visitas de amigos, as crianças brincando no quintal, uma bela refeição sendo feita na nova cozinha e assim por diante. Esse é o processo que falamos no qual você irá "vivenciar" em sua imaginação o que deseja. Quanto mais nitidez e fé tiver, mais rápida e precisa será a resposta do Universo.

Usando o estado alfa para declarações afirmativas

Vimos que as declarações afirmativas podem ser feitas em um estado de extremo entusiasmo e demandando de forma intensa a gravação dessas mensagens em nosso subconsciente. Você também pode fazer essas mesmas declarações quando estiver no estado alfa, pois também é uma forma muito eficaz de gravar mensagens positivas em nosso subconsciente.

Muitas vezes, em minhas meditações, ou até mesmo ao longo do dia, eu declaro o mantra: "Sou feliz, saudável e próspero". Esse é apenas um exemplo de uma frase que cria um senso de equilíbrio e força. Obviamente você pode criar uma ou mais frases que façam sentido para você no seu contexto de vida atual. Vale lembrar que o verbo deve ser conjugado sempre no presente, nunca no futuro.

Utilizando a visualização criativa nos negócios

É realmente impressionante o poder que você tem em sua mente para cativar relacionamentos meramente por meio dos pensamentos. Lembre-se de que o pensamento em alguém pode ser tanto uma oração quanto um feitiço, dependendo da energia que você emana. No meu dia a dia, eu nunca ligo para um cliente ou faço uma visita sem antes enviar vibrações de harmonia e prosperidade para aquele com quem vou interagir. Você simplesmente está enviando ao interlocutor uma mensagem no nível subatômico, desejando que o negócio favoreça ambas as partes. Você pode inclusive fazer uma visualização sua e de seu cliente fechando negócios, assinando contratos etc.

No entanto, se o seu pensamento for unilateral e você pensar meramente em seu benefício, o esforço terá sido perdido. Você precisa realmente acreditar no seu produto ou serviço e estar convicto de que o negócio é bom para todos. As pessoas com quem você interage "pré-sentem" quem está em um relacionamento meramente para obter um benefício próprio ou quem realmente quer somar e acredita plenamente que a negociação trará benefícios para ambas as partes. Isso também se aplica em relações entre colegas de trabalho, em um *mastermind* e em outros relacionamentos.

Respeitando o processo de criação

Eu imagino que você não plantaria uma semente de manga hoje e, depois de três semanas, desenterraria a semente para ver se ela brotou ou não. O fato é que as realizações que desejamos levam um tempo para se materializar, por melhor que seja o nosso processo de cocriação. Muitas pessoas começam uma atividade e, nos primeiros desafios, resolvem abortar a missão ou entram em estado de ansiedade extrema. A ansiedade é um sintoma da falta de fé, portanto precisamos dar tempo ao tempo para que a semente venha a brotar e dar frutos. Evite ficar ansioso; a ansiedade é um chiado no sinal que está sendo transmitido ao Universo e atrasa o "download" do que você quer materializar. Se você faz as suas visualizações criativas, tenha calma e fé, pois seu subconsciente coordenará com a inteligência infinita para que você receba o que deseja e, algumas vezes, algo ainda melhor.

É bom colocar datas para nossos objetivos, mas precisamos saber que o tempo para a concretização pode ser maior ou menor do que projetamos. A questão-chave aqui é não interromper o "download" por ansiedade ou medo do fracasso. Se você quer encontrar a sua alma gêmea, por exemplo, coloque num papel todos os atributos que essa pessoa deve ter e o tipo de relacionamento de que deseja desfrutar, faça sua visualização e dê tempo ao tempo. Como mencionei, a ansiedade é uma interrupção do "download", pois quem tem fé no seu merecimento e nas leis do Universo saberá que é questão de tempo até que as sincronicidades do Universo levem você até a pessoa que deseja.

Para quem está tendo contato com essa técnica de cocriação pela primeira vez, comece a fazer a visualização criativa com pequenos objetivos. Você logo se dará conta de que é um cocriador, ganhando mais confiança para ousar maiores conquistas. A cocriação é uma lei infalível, e você cedo ou tarde aprenderá a trabalhar da forma correta esse seu poder divino nato.

Muitas pessoas com resultados espetaculares utilizam esse processo de forma tão natural que nem se preocupam em rotular como "visualização criativa", "tela mental" ou qualquer outro nome. Elas têm objetivos claros, foco e um poder de mentalização tão grande que realizam grandes feitos sem necessariamente saber que estão seguindo um processo de cocriação. Esses são os indivíduos que têm a competência de cocriação de forma inconsciente. Se você perguntar a eles se fazem "visualização criativa" para obter seus objetivos, vão olhar para você como se estivesse falando grego. No entanto, acredite, por trás de um grande realizador há sempre uma mente que tem absoluta clareza do que deseja e que exercita esse processo natural e divino de mentalizar para cocriar.

Efeito bambu

Há algo que chamo de "efeito bambu". Nos primeiros anos de desenvolvimento do bambu, ele cresce muito mais nas raízes, sem dar nenhuma manifestação muito notável de seu crescimento acima da terra. No entanto, depois de criar raízes, o bambu pode crescer metros em semanas; parece um milagre da natureza. Para aqueles que olham de fora, a sua próspera colheita pode parecer "sorte", pois não sabem de todo o esforço da semeadura que veio antes disso. Esse é o "efeito bambu": os resultados são sempre cumulativos, e, quando você menos espera, os esforços ganham força e os resultados vêm à tona com extrema rapidez. Por isso precisamos ter paciência, pois depois da semeadura a colheita sempre virá. É questão de tempo.

BÊNÇÃOS EXPONENCIAIS:
O PODER DA MEDITAÇÃO E DA ORAÇÃO EM GRUPO

> *"O talento ganha um jogo, mas o trabalho em equipe e a inteligência ganham um campeonato."*
> Michael Jordan

Como é de se esperar, o processo de cocriação por meio de um grupo ganha maior velocidade e força. Como mencionei no caso da Giovanna Vittoria no começo do livro, a força de diferentes grupos vibrando amor e saúde para a minha filha foi determinante para que ela superasse todas as estatísticas de que não viveria além dos seis meses de idade. Desde vizinhos mulçumanos a amigos espiritualistas, a corrente vibracional que se criou para que Giovanna superasse a sentença de morte dos "especialistas" foi absolutamente surreal.

Esse foi sem dúvida o maior *mastermind* espiritual que já pude presenciar em minha vida. O poder multiplicador de uma corrente de oração é inestimável, e essa corrente pode ocorrer em uma família que ora junto, em um grupo de pessoas que ora na igreja ou até mesmo em um grupo que medita para um ideal em comum.

Na DMZ Connection, temos semanalmente uma meditação/oração que fazemos para os nossos clientes e parceiros comerciais. Nós entramos em um estado de relaxamento e agradecemos pelos nossos parceiros, orando pelo seu crescimento e prosperidade. Não oramos para fechar mais pedidos, pois entendemos que, quando nossos clientes prosperarem, nós invariavelmente vamos prosperar. Em função disso, nos reunimos e meditamos vibrando uma frequência de amor e prosperidade pelos nossos clientes e fornecedores, desde os pequenos até os grandes.

Eu não poderia quantificar o quanto isso nos traz de resultado, mas, em linhas gerais, sei que os nossos negócios crescem anualmente e temos cada vez mais clientes dentro e fora do Brasil. Temos em nosso pensamento a absoluta consciência de que a prosperidade de nossos clientes é a nossa, e, em função disso, vibramos para sempre poder servi-los. Vale lembrar que "maior é o que serve"!

PRATICANDO A GRATIDÃO

> *"Reconhecer o bem que já existe em sua vida é a fundação para viver na abundância."*
> Eckhart Tolle, autor do best-seller *O poder do agora*

No processo de visualização para a cocriação, é de suma importância já agradecer o recebimento do seu objetivo. É por isso que, no exercício 4 x 3, a segunda parte é dedicada à gratidão. Como costumo dizer, "gratidão atrai gratidão". Se você realmente acredita que tem o merecimento e que está pronto para tomar as ações correspondentes, escolha ser grato pela conquista de antemão. Além de já agradecer antecipadamente pelos seus objetivos a caminho, seja grato por tudo o que já tem.

Uma das formas mais objetivas de avaliar em que frequência estamos vibrando é saber se nos sentimos alegres e gratos pelo que temos e somos. Quem está sempre olhando e vibrando na falta está se conectando com mais falta; é a lei da frequência. Você se conecta com os sinais da frequência em que vibra; essa é uma lei do Universo bastante plausível, se você parar para pensar. Por isso Jesus disse: "Aquele que tem, ainda mais lhe será dado".

Muitas orações não são atendidas porque as pessoas focam na tristeza e enfatizam ao Criador o que lhes falta, em vez de agradecer o que já têm. O copo está sempre meio cheio, pois sempre há muitas coisas para agradecer. Se você busca crescer financeiramente, abençoe mentalmente todos aqueles que são prósperos e que conseguiram grandes realizações profissionais ou financeiras. Se você recrimina de forma consciente ou inconsciente a prosperidade alheia, você a bloqueará para si mesmo. Lembre-se de que não é possível haver dois pesos e duas medidas em nosso subconsciente. Se você rejeitar a riqueza de alguma forma em sua mente, você a afastará de sua vida.

No processo de criação, é de suma importância agradecer o muito ou o pouco que se tem. A gratidão permite que nossa mente esteja focada em coisas boas, vibre numa frequência mais alta e evite a ansiedade, a dúvida e as preocupações. Quem tem um coração grato não tem espaço para lamúrias ou para pensamentos negativos. Procure agradecer a cada instante pelas inúmeras bênçãos que já tem: desde o ar que respira até a cama macia em que dorme toda noite. O fato é que mais de 20% da população mundial ainda vai dormir com fome e nem sequer tem rede de esgoto e água encanada.

Se pararmos para enumerar as bênçãos em nossa vida, veremos que há muito mais para agradecer do que para reclamar, sempre. Contabilizar as faltas é para os fracos e, honestamente, é ser muito ingrato. Costumo brincar: "Se você acordou e se levantou da cama com saúde, metade do jogo está ganho. Se você tem um trabalho para ganhar o pão, 75% do jogo já está ganho. Em suma, se você tem uma saúde razoável e um trabalho, os outros 25% que faltam é mera questão de 'cair para dentro' e fazer a sua parte com uma atitude positiva".

O pensamento das vítimas

Muitos preferem culpar o "carma" por qualquer infortúnio, buscando em vidas passadas a razão dos desafios atuais.

Talvez existam vidas passadas, não tenho conhecimento suficiente para afirmar que sim ou que não. No entanto, se o carma significa desafios espirituais ou dívidas passadas, caberá a cada um de nós usar o livre-arbítrio para conscientemente transformar o desafio em crescimento moral, financeiro ou espiritual. Se fizermos dos nossos desafios pessoais uma muleta para nossa infelicidade e autopiedade, nos tornaremos incapazes de transformar esses desafios em algo positivo. Entendo que, na maioria dos casos, é a tomada de consciência e o autoperdão que nos libertam do que se pode chamar de carma ou "colheita negativa".

O que posso afirmar é que a terceira lei de Newton, a lei da ação e reação, tem efeito tanto no plano físico quanto no espiritual. Portanto, uma boa conduta moral é altamente recomendável para termos bons frutos durante a vida. Como diz o ditado: "Quem semeia vento colhe tempestade".

Os desafios escondem o seu grande potencial

Napoleon Hill retratou em várias de suas obras a necessidade de transmutar (mudar de estado) desafios em oportunidades. Uma das leis do sucesso desse filósofo é: "Aprendendo com a adversidade". Dr. Hill deu inúmeros exemplos de pessoas que converteram seus desafios pessoais (ou carma, se preferir) em grandes obras, e fala inclusive de seu próprio filho, Blake Hill, que nasceu surdo e sem as orelhas, mas acabou se tornando um executivo de sucesso e autorrealizado. Como dizia Napoleon Hill, "em cada adversidade existe a semente de um benefício igual ou maior". O grande segredo é encontrar essa semente de oportunidade que está por trás de cada desafio.

Precisamos olhar para os problemas como oportunidades para crescer ou para servir outras pessoas com a nossa história ou com soluções. No mundo dos negócios, aqueles que conseguem resolver problemas ou criar novas demandas têm um imenso sucesso. Se olharmos com atenção e estivermos atentos à nossa intuição (do grego: *in* = dentro / *tueri* = olhar), conseguiremos entender que nossos desafios podem se tornar grandes oportunidades de crescimento moral, espiritual e financeiro. Como diz o ditado: "Após a tempestade vem a bonança"; basta olharmos nas entrelinhas de cada adversidade.

Não existe desafio que não tenha por trás uma grande recompensa. Para descobrir essa recompensa, no entanto, devemos encarar nossos desafios de frente a fim de entender as recompensas que existem por trás deles. A metáfora de cruzar o deserto é muito utilizada na Bíblia e em outros textos sagrados, pois após uma grande travessia sempre há um oásis de oportunidades e de bonança. Temos que saber que, para qualquer desafio que nos tenha sido dado, também nos foi dada a habilidade de superá-lo, seja ele qual for.

Nunca considere as suas adversidades uma "cruz", e sim uma oportunidade de crescimento. O conceito de que a vida é difícil e que impõe muitos sacrifícios é um mito, pois, quando você encontra as coisas que o fazem feliz e vibra numa frequência mais alta, tudo flui de maneira incrível. Isso não quer dizer que tudo seja fácil, mas o conceito de que "a vida é luta" é equivocado. A vida tem momentos de luta, mas será maravilhosa se você estiver vibrando numa frequência de amor, paz e sucesso.

CAPÍTULO 7

DETERMINAÇÃO: O D DO MÉTODO RFID

"Eu acredito que o sucesso é alcançado por pessoas comuns que têm uma determinação extraordinária."

Zig Ziglar, autor e conferencista de vendas

O fator determinação é muitas vezes menosprezado quando falamos do poder de cocriação que herdamos do Criador. O fato de acessarmos o subconsciente e de entrarmos no processo de criação pela imaginação não nos isenta da perseverança para superar os desafios que nos esperam.

Desde que me tornei consciente do poder de cocriação, medito quase diariamente e busco entender os sinais e inspirações que o Universo me traz por meio da intuição. No caso da vida profissional, por exemplo, receber uma inspiração não significa que deixarei de ter foco absoluto em negociar com fornecedores, de visitar clientes atuais, de buscar novos negócios, de fomentar um ambiente agradável para os colaboradores e assim por diante. No caso de minha filha, foi preciso determinação e fé para questionar a "sentença de morte" e continuar tentando todas as possibilidades que existiam para serem exploradas.

Não posso explicar por que fomos abençoados com a recuperação milagrosa da Giovanna. O que sei é que nossa família fez *tudo* o que estava ao nosso alcance e não desistimos em nenhum instante. Mesmo que ela não tivesse sobrevivido, minha família e eu teríamos a paz de espírito de saber que fizemos tudo o que era possível.

A mesma coisa ocorre quando um desafio se apresenta em nossa vida: precisamos avaliar as possibilidades e ferramentas que temos disponíveis e determinar a ação. Quando abri a DMZ Connection, há dez anos, sabia que precisaria reduzir os custos fixos da família e que havia uma série de desafios a serem superados. E, apesar da ciência dos desafios, foi preciso muito mais determinação do que eu imaginava, pois o ponto de equilíbrio da empresa que tínhamos previsto para seis meses só aconteceu depois de um ano. Durante a pandemia de covid-19, vi minha empresa em rota de colisão, pois havíamos acabado de fazer uma grande importação, projetando um primeiro semestre espetacular em 2020. No segundo mês da pandemia, no entanto, vimos as vendas caírem mais de 50%, o que nos daria poucos meses de vida, dados os custos fixos que tínhamos na época e o capital empatado em estoque.

Em meio a esse desafio, decidi dispor do pouco de caixa que tínhamos para importar centenas de termômetros profissionais para serem utilizados em escritórios e hospitais durante a pandemia. Foi uma determinação (determinar a ação) bastante ousada trabalhar com um produto totalmente diferente do nosso. Como sempre havíamos vendido para integradores/revendedores, trabalhar com o cliente final nos impôs uma abordagem de vendas completamente diferente, e tivemos que sair da zona de conforto.

Apesar do desafio imposto pela pandemia, conseguimos vender centenas de termômetros e totens de álcool gel para grandes empresas e hospitais, o que, no fim das contas, salvou a empresa. Em suma, visualizar não quer dizer materializar, pois, sem ações que estejam bem planificadas e de acordo com o nosso desejo intenso, os desejos ficam apenas no plano mental.

INTUIÇÃO *VERSUS* RAZÃO: COMO USAR

> *"Eu acredito em intuição e inspirações... eu às vezes SINTO que estou certo, mas não SEI se estou."*
> Albert Einstein, físico, prêmio Nobel de Física, gênio

Em alguns workshops sobre alta performance que conduzi, me foi perguntado quando devemos ouvir a razão e quando devemos ouvir a intuição. A pergunta é realmente muito coerente; até hoje procuro ter um bom equilíbrio entre ambas. Na realidade, elas são complementares. Para facilitar o conceito, podemos dizer que a intuição é a direção ou o caminho, enquanto a razão é necessária para desenvolver a estratégia para a execução. Isso não impede, no entanto, que você busque na intuição ajuda para a formulação de estratégias e execução. Mas, de modo geral, o que vem pela intuição é relacionado às decisões de caminhos a serem seguidos.

Via de regra, a intuição é como um flash, uma ideia repentina que nos toma por completo e nos indica um caminho a seguir. Além desses flashes de grande lucidez, a intuição também pode se apresentar como uma voz silenciosa que insiste em mostrar um caminho que devemos seguir. Ninguém conseguiu definir melhor a intuição do que o filósofo indiano Jiddu Krishnamurti: "A intuição é um sussurro da alma".

Já a razão é o recurso para criarmos mentalmente os passos lógicos para seguir o caminho ditado pela intuição. As duas trabalham juntas, mas, quando falamos do caminho a seguir, a intuição é sempre a melhor bússola.

Pouco se fala sobre a intuição e sobre o fato de ela ser uma grande aliada na vida pessoal e profissional. Para definir de forma fácil, a intuição é a conexão que temos com a inteligência infinita, o subconsciente ou o Criador, se preferir. Há aqueles que acreditam que a intuição vem por intermédio do anjo da guarda, o que também é uma forma válida de interpretar essas inspirações. Desde que sintamos que se trata de uma "voz" lúcida e do bem, não importa definir o nome; o importante é segui-la.

É comum que a intuição nos surpreenda com total precisão quando a nossa razão parece estar completamente desprovida de um caminho. É imprescindível sabermos que a intuição transcende o entendimento racional e que nem sempre conseguimos explicá-la. Como disse o próprio Einstein, muitas vezes não é possível "saber", mas "sentimos" que as inspirações estão corretas.

A intuição é relatada pelos mais variados cientistas e até mesmo por homens de negócios como uma fonte de inspiração para grandes conquistas, planos, invenções, teorias e criação de empresas. Antes de escrever esta parte do livro, falei com alguns amigos que são CEOs e diretores de grandes corporações para saber se faziam uso de sua intuição. O resultado da pesquisa foi bem conclusivo: aproximadamente 80% dos profissionais com quem conversei relataram que utilizam a intuição em várias tomadas de decisão, inclusive na contratação de executivos-chave da equipe.

O próprio Thomas Edison tinha o hábito de buscar inspiração durante suas sonecas. Quando Edison enfrentava um desafio ou estava travado no caminho de alguma invenção, tirava uma soneca com uma pequena bola de ferro ou rolamento na mão. Segundo ele, ao adormecer, essa bola caía no chão e o acordava, trazendo muitas vezes inspirações de seu subconsciente para conseguir transpor os desafios das inúmeras invenções que ele trouxe ao mundo. Vale a pena dar crédito a Thomas Edison, pois por meio dele vieram ao mundo a lâmpada incandescente, o gravador de voz, a filmadora, usinas de geração de energia de corrente contínua, entre outras invenções.

Quem conhece a história sabe que havia uma grande disputa entre Edison e o também genial Nikola Tesla, cuja invenção da corrente alternada acabou sendo mais proveitosa para a eletrificação de cidades e é utilizada até hoje. Esta frase de Tesla também nos ajuda a entender a relevância de estarmos abertos à inteligência infinita por meio da intuição: "A dádiva do poder mental vem de Deus, um ser divino. Se nos concentramos nesse fato, estaremos em sintonia com esse grande poder".

Mas como acessar essa voz que ora parece ser "coisa da nossa cabeça", ora é tão vívida que parece que alguém sussurra em nossos ouvidos? Antes de qualquer coisa, é preciso estar aberto a essas inspirações, pois elas se fazem presentes com mais frequência do que imaginamos. Você pode, inclusive, acessar a sua intuição por meio da meditação, da oração ou de momentos de relaxamento profundo. Quem nunca teve um pressentimento para não ir a tal lugar e, pouco tempo depois, descobriu que se poupou de algo desagradável ou até mesmo de um acidente? Quem nunca conheceu alguém e sentiu imediatamente uma antipatia totalmente "injustificada" que, depois de um tempo, se provou estar correta?

As mulheres tendem a estar mais em sintonia com sua intuição do que os homens. Umas das razões é que elas foram abençoadas com a dádiva de gerar a vida. A relação entre mãe e filho aguça a comunicação não verbal e abre espaço para que inspirações sejam recebidas com maior facilidade. Durante a evolução de nossos ancestrais, o homem sempre teve o papel de caçador e protetor, precisando de absoluto foco e atenção no ambiente externo para evitar perigos e trazer o sustento. A mulher, no entanto, em seu maravilhoso papel de dar continuidade à vida, tinha um papel de cuidadora e, portanto, era mais atenta aos sentimentos da cria e à sua intuição. A intuição, no entanto, é igualmente acessível por homens e mulheres, assim como foi no caso de Edison, Einstein, Tesla, Marie Curie, Oprah e tantas outras figuras importantes. A intuição não escolhe sexo ou credo; ela simplesmente está à disposição de quem estiver aberto a "escutá-la" com seu sexto sentido.

Embora a meditação ou estados de relaxamento ajudem a aguçar o sexto sentido, essa conexão com o nosso inconsciente pode ser acessada em nosso dia a dia sem necessariamente estarmos em estado meditativo. Essas inspirações podem servir tanto para a escolha de um candidato para sua empresa quanto para uma casa nova que você pretende comprar para a sua família. Mas, como um smartphone, se você bloquear o sinal, perderá o acesso e não conseguirá fazer o download de dados.

Como aumentar a intuição?

Como mencionamos, a conexão com nossa intuição está sempre presente; é uma "conexão 10G" que nunca nos abandona. O problema é que estamos sempre correndo (estado beta alto) e pouco antenados a nossos sentimentos, bloqueando o "sinal" da intuição que tanto pode nos ajudar. Vamos ver algumas dicas para melhorar a nossa "conexão" com a intuição:

1. Autoconhecimento e *mindfulness* (pensamento presente / atenção plena).
2. Bom gerenciamento do tempo, evitando excessos e estresse.
3. Momentos de silêncio e tranquilidade.
4. Gestão dos pensamentos negativos e da ansiedade.
5. Meditação, oração ou ambas.
6. Contemplação da natureza.
7. Períodos de desconexão de redes sociais e da internet em geral.
8. Jejum (busque orientação médica antes de fazer).

As únicas interferências que bloqueiam a intuição são as que nós mesmos criamos, pois é um sistema perfeito e que está sempre disponível. Em razão disso, devemos estar mais despertos a essas percepções e intuições, seguindo-as para nossa melhor performance em todas as áreas da vida.

Como vimos no exemplo apresentado, se você conheceu alguém bem recomendado, mas teve um sentimento estranho sobre essa pessoa, escute sua voz interior. Esqueça o fato de a pessoa ser "bem recomendada". Com tempo e prática, você verá que a intuição é muito precisa e vai querer utilizar esse poder cada vez mais. Além de tudo, é um recurso 100% *gratuito*.

Assim como fazia Thomas Edison na busca de inspiração para suas invenções, você também pode buscar um local tranquilo, focar em sua respiração e meditar para acessar a intuição e buscar soluções para problemas ou dúvidas do dia a dia. Como vimos antes, por meio da meditação os "chiados" da mente diminuem e você poderá acessar a sabedoria infinita para resolver problemas cotidianos ou para encontrar o direcionamento em decisões difíceis. Seja por meio de orações, da meditação ou da contemplação da natureza, o importante é se permitir entrar nesse espaço silencioso onde você possa estar consigo mesmo e se conectar com a inteligência divina.

Quando usar a razão?

A razão é de extrema importância e complementa o trabalho da intuição. Digamos que você esteja em dúvida sobre o segmento em que deve abrir uma empresa. Nesse caso, a intuição terá maior importância na revelação do segmento no qual você deve empreender. Já o planejamento de estratégias, o marketing digital e outras decisões devem ser levadas a cabo por meio do uso da razão e de estudos do mercado em que você vai atuar.

Recentemente, em discussão com um amigo, ele revelou uma ordem muito coerente de como chegar à inteligência de alguma área específica. Segundo ele (e concordo plenamente), há uma sequência natural para que dados se tornem inteligência:

- **Dados organizados** levam à **informação.**
- **Informações organizadas** levam ao **conhecimento.**
- **Conhecimentos organizados** levam à **inteligência.**

Podemos dizer, portanto, que esse é o caminho lógico de estudo de um mercado em que buscamos atuar, de uma profissão ou de um conhecimento específico que buscamos. Começamos com dados desconexos até convertê-los em uma inteligência sobre um assunto específico. Esse é o poder da nossa razão, que, obviamente, também é de extrema importância.

E onde entra a sabedoria?

Sabedoria e inteligência são duas coisas diferentes. Enquanto a inteligência é muito mais quantitativa, a sabedoria é qualitativa. A sabedoria não segue uma escala cumulativa de conhecimentos para ser alcançada. Ao contrário, a sabedoria pode ser fruto de observação, de conhecimento empírico, de meditação, de oração ou de contemplação. É por isso que muitas vezes conhecemos pessoas com pouquíssima escolaridade que demonstram uma sabedoria imensa sobre a vida e esbanjam paz e alegria.

O outro lado da moeda também é verdade, pois às vezes vemos pessoas com muito conhecimento e escolaridade, mas sem sabedoria para ter uma vida emocionalmente equilibrada e sábia. Isso não quer dizer que você não possa ser altamente letrado, inteligente, rico e sábio. Uma qualidade não elimina a outra, mas a sabedoria é certamente preferível à mera inteligência.

Para resumirmos, a intuição tende a mostrar o caminho, e a razão traz a estratégia para seguir o caminho designado pela intuição. Use o poder de dedução, que faz parte da razão, para chegar aos passos estratégicos, mas deixe o direcionamento para sua intuição: ela não falha.

Sinais do Universo e as sincronicidades

Diferentemente da intuição, que vem de uma voz interior ou de uma sensação muito única, os sinais do Universo têm a característica de serem externos, mas também exercem a função de trazer mensagens valiosas na busca de nossos objetivos. Quando se fala de sinais negativos, os cristãos costumam chamá-los de "livramento", que acontece quando algum fato alheio à sua vontade acontece e acaba por prevenir um acontecimento ruim ou um acidente.

Paulo Coelho, em *O Alquimista* e em outras de suas obras, ressalta muito a importância de fazermos a leitura desses sinais externos, que também podem ser chamados de "sincronicidades", termo estabelecido pelo psicólogo Carl Jung. A inteligência infinita pode trazer sinais por meio de informações que pessoas comentam, por meio de "coincidências" ou mesmo de um artigo de uma revista que parece responder a um questionamento seu. Não há limites de como a inteligência infinita pode se fazer presente para nos apontar o caminho certo a seguir. O problema da leitura de sinais externos é que eles podem se tornar superstições e crendices com muita facilidade, levando-nos a acreditar que não era para ser e a desistirmos de objetivos.

Muitas vezes as "muralhas" do caminho não são sinais de que precisamos desistir; ao contrário, são sinais de que é hora de dobrar os esforços e transpassá-las. Lembre-se de que, se o Criador lhe deu a visão, Ele lhe dará a provisão para realizar o que queima em seu coração. De maneira semelhante à frase de Napoleon Hill, Walt Disney disse: "O que você pode sonhar você pode realizar". Em suma, esteja atento aos sinais e sincronicidades em sua vida, mas esteja mais atento ainda ao seu propósito.

PAGUE O PREÇO E RASGUE O PLANO B

> *"Foco e simplicidade. Uma vez que esses fatores são conquistados, você move montanhas."*
>
> Steve Jobs, fundador da Apple

Quando falamos em "pagar o preço", isso se refere aos sacrifícios que precisam ser feitos para alcançar um objetivo. Precisamos ter consciência de que a conquista de qualquer realização requer a renúncia temporária a alguns confortos. Em resumo, para alcançar algo excelente é preciso nos abstermos de algo bom por um período. Existe uma troca a ser realizada.

Se um estudante quiser entrar em uma excelente faculdade, por exemplo, o sacrifício pode incluir não jogar videogame por um tempo, diminuir a vida social e, inclusive, o tempo dedicado a esportes e lazer. Para melhor ilustrar, divido com você alguns dos desafios que me propus a fazer quando resolvi escrever este livro:

- Dormi menos horas de sono por pouco mais de um ano. Durante o dia cuidava da empresa e à noite escrevia e reescrevia capítulos do livro.
- Diminuí drasticamente a vida social, dedicando vários fins de semana para iluminar ideias e escrever.
- Visitei e entrevistei alguns amigos que têm grande sucesso em suas vidas pessoais e profissionais para validar alguns dos capítulos do livro.
- Fiz um curso sobre lançamento de livros e separei um orçamento para a revisão ortográfica, o design da capa e a elaboração do meu website.
- Saí da zona de conforto e comecei a criar conteúdo para mídias digitais como Instagram e LinkedIn.
- Por fim, separei tempo e um orçamento para o lançamento do livro.

Esses foram apenas alguns dos sacrifícios de tempo, dinheiro e recursos para a publicação de um livro. Obviamente, como é um projeto realizado com muito amor, não posso considerar como "sacrifícios", mas como investimentos. O que quero expressar ao amigo leitor é que tudo tem um preço e que devemos estar prontos para pagá-lo. Precisamos estar dispostos a dar algo em troca do nosso objetivo, pois tudo que tem valor precisa ser "pago" de uma forma ou de outra.

O plano B

É muito comum as pessoas falarem sobre a importância de termos um plano B, mas esse é um conceito equivocado, já que implica começar um projeto com o fracasso em mente. Segundo o estudo de mais de trinta anos do filósofo

Napoleon Hill, aqueles que deixaram um legado de sucesso foram pessoas altamente focadas em suas áreas de trabalho e que nunca desistiram de seus propósitos.

Se você quer diversificar seus investimentos colocando dinheiro em fontes de renda passiva, startups ou em outros negócios, isso é diferente. No entanto, quando se fala de desejos da alma, de escolha de profissões ou das diretrizes de uma empresa, é preciso manter-se fiel aos seus valores, ter foco e concentração. O que acontece com muitas pessoas é que elas começam um empreendimento ou mesmo um relacionamento amoroso já pensando num plano B. Costumo dizer que o plano B é um plano de "bosta", afinal você está contemplando um possível fracasso antes mesmo de começar. Se você começar um negócio e já tiver um plano B em mente, estará se preparando para falhar e vibrando numa frequência de derrota.

SEJA 100% RESPONSÁVEL POR SEUS RESULTADOS

"O preço da grandeza é a responsabilidade."
Winston Churchill, primeiro-ministro e estadista britânico

Uma das características de todas as pessoas de alta performance é que elas assumem a responsabilidade por suas ações, sejam estas acertadas ou não. Ser responsável por seus resultados é um sinal de maturidade que permite a você estar no controle da sua vida.

É muito comum as pessoas atribuírem seus fracassos ou dificuldades ao governo, à economia, à falta de apoio dos pais, a Deus, entre outras desculpas. É certo que todos somos afetados pela economia e por outros fatores externos à nossa vida, mas o poder de responder a esses fatores externos é sempre nosso. Até tomarmos as rédeas de nossa vida, seremos sempre vítimas de terceiros e de fatores externos. Como vimos na fórmula do F + R = RF, a nossa resposta (R) a um fato (F) será o que determinará o resultado final (RF).

A grande verdade é que, na vida, ou você tem resultados ou tem desculpas; é impossível ter as duas coisas. Com o tempo, aprendemos que as desculpas – isenção de culpa – não nos levam a lugar nenhum. Ao contrário, elas nos colocam no lugar de vítimas e sem possibilidade de reverter o jogo. Acredite, desde os maiores atletas do mundo até os microempreendedores de bairro, todos passam por altos e baixos: essa é a regra do jogo.

De uma forma ou de outra, do pequeno ao gigante, todos devem tomar a seguinte decisão em algum momento: "Ou coloco a culpa em fatores externos ou tomo as rédeas da minha vida e faço acontecer com os recursos que tenho". Também podemos colocar a culpa na inabilidade de nossos pais, mas, como disse a autora da franquia Harry Potter, J. K. Rowling: "Culpar nossos pais por não nos terem nos guiado no caminho correto tem data de vencimento. Quando estamos maduros para dirigir a nossa vida, a responsabilidade fica sendo nossa". Em resumo, seja lá quais foram suas perdas ou problemas na juventude, a única forma de crescer é perdoando aos ofensores e tomando o controle da sua vida.

Recentemente, um amigo de muitos anos quase infartou, pois esperava vender 30% de sua empresa por um aporte que permitiria aumentar o estoque e o faturamento. Esse amigo é um tipo perspicaz, visionário, dono de uma importadora de médio porte há quase vinte anos. Com a injeção de capital que esperava, haveria caixa para suprir a demanda crescente e, possivelmente, duplicar seu faturamento em menos de seis meses. O problema foi que ele se antecipou e dobrou as importações antes de o negócio ser efetivamente finalizado. Quando conversamos, ele desabafou: "Já havíamos acordado os termos e só faltava a formalidade de assinar o contrato".

Como ele é um amigo e estava com a cabeça quente, procurei ser mais um bom ouvinte do que exatamente um consultor objetivo para lhe dizer a verdade. No entanto, olhando friamente, entendo que ele cometeu um erro grave, pois, como se costuma a dizer, "crie gado, mas não crie expectativas".

Embora ele tivesse a palavra de "negócio fechado" do investidor, nada é mais seguro que um contrato corretamente redigido e assinado. Felizmente meu amigo obteve uma linha de crédito para bancar as importações que não estavam previstas no fluxo de caixa e conseguiu se reequilibrar. No entanto, se você falar com ele hoje, ele ainda dirá que o suposto investidor foi leviano. Se foi leviano mesmo, não vem ao caso, pois o que está em discussão é a imaturidade de não admitir um erro em um mundo no qual os erros custam caro. Ninguém está isento de cometer burrices, e, honestamente, já cometi vários erros graves como gestor da minha empresa. O importante é vermos em que erramos e aprendermos a lição. Como disse o filósofo chinês Confúcio: "Não corrigir nossas falhas é como cometer novos erros".

A terceirização da culpa é uma escapatória fácil, barata e conveniente, mas, ao utilizá-la, perde-se a chance de aprender lições importantes. Quando tiramos a ISO 9001:2015 para minha empresa, todos na equipe criaram o hábito de escrever e documentar as "Lições Aprendidas", um relatório solicitado por essa certificação. São lições estudadas por todos do grupo para avaliar o que foi aprendido com os erros e processos que não estavam funcionando da forma esperada.

O que fazíamos antes de termos implantado a ISO 9001? Buscávamos o responsável e dávamos o famoso "puxão de orelha" nele. Ou seja, buscávamos identificar o culpado pelo erro, o que, para efeito de aprendizado, não acrescentava em nada.

Ao começarmos a fazer o exercício de lições aprendidas, no entanto, não buscamos mais repreender ninguém, e sim ver como coletivamente podemos melhorar processos, produtos e serviços. A dinâmica é muito mais positiva, e com ela conseguimos melhorar muitos processos e antever possíveis falhas no futuro. Um grupo coeso que tem sinergia não busca culpados, mas soluções.

PLANOS FALHAM, A PERSEVERANÇA NÃO

"Nossa maior fraqueza está em desistir. A maneira mais certa de ter sucesso é sempre tentar uma vez mais."

Thomas A. Edison

Por melhores que sejam os seus planos, sempre haverá ajustes a serem feitos quando você estiver na sua jornada. Lembre-se de que a sua estratégia, por melhor que seja, só será validada no campo de batalha. Em um jogo de golfe, basquete ou mesmo na sinuca, 1 milímetro para a esquerda ou para a direita faz a diferença entre acertar o alvo ou não. Se seu plano se deparou com a derrota, é hora de fazer um ajuste de 1 ou 2 milímetros para a direita ou para a esquerda e realizar uma nova tentativa.

Se você estudar a história de empresários, atletas e celebridades, verá que existe algo em comum entre todos eles: várias derrotas precisaram ser superadas. Alguns deles, inclusive, tiveram de recomeçar do "zero" para reconstruir seu patrimônio. Coloco "zero" entre aspas porque, uma vez que você adquire conhecimento, garra, autoconfiança e *network*, não se começa mais do zero. O conhecimento e a experiência adquiridos em uma primeira "derrota" são ativos que você sempre terá em sua bagagem. É por essa razão que tantos milionários que vão à bancarrota voltam a ser milionários pouco tempo depois da falência. Isso acontece porque o importante não é o que você conquista, mas quem você se torna ao longo da jornada. Em resumo, o *ser* é muito mais importante que o *ter*. Uma vez que você ganha perseverança, fé em si mesmo e no seu Criador, será sempre um gigante.

Se você falhou no passado, levante a cabeça e tenha certeza de que nas próximas empreitadas terá uma versão melhor de si mesmo e muito mais chances de sucesso.

APRENDA COM O SUCESSO E O FRACASSO ALHEIO

"Aprenda com os erros alheios. Você não viverá o suficiente para cometer sozinho todos os erros que precisa aprender."

Eleanor Roosevelt, ex-primeira dama dos Estados Unidos

Se a primeira-dama Eleanor Roosevelt, na década de 1940, já falava em aprender com os erros e com os acertos de outras pessoas, imagine o que ela diria hoje, em um mundo digital. Temos a possibilidade de aprender sobre qualquer tema com dois ou três cliques sem sair de casa. Basta entrar no YouTube, no Google, no Instagram, no LinkedIn, baixar e-books e você terá acesso a qualquer informação que deseja, ensinado por alguém que já trilhou o caminho que você deseja percorrer. Com a maravilha de um mundo conectado, em menos de quinze minutos você pode aprender desde como configurar um celular até como fazer uma *paella* valenciana.

Uma maneira de fortalecermos a nossa determinação é modelar o sucesso daqueles que já chegaram aonde desejamos chegar. A experiência alheia nos ajuda a balizar nossas ações futuras e a evitar que cometamos os equívocos que eles cometeram. Por intermédio de terceiros podemos conhecer atalhos para turbinar nossas ações futuras.

Sabendo filtrar as informações, você encontrará pessoas que já aprenderam o que você quer aprender, que já fizeram o que você quer fazer ou que já superaram desafios pelos quais você está passando. É algo incrível, e há 25 anos nem se sonhava com essa facilidade de obter informações valiosas com tanta rapidez no conforto da sua casa. Além disso, você ainda conta com informações à moda antiga, como livros, revistas técnicas, feiras, entrevistas e outros meios menos ágeis, mas também valiosos. Nunca na história se pôde ouvir conselhos e acessar palestras de bilionários com tanta facilidade. No passado, para acessar o *mindset* de um bilionário você teria que ler uma biografia e olhe lá.

Sempre que possível, faça sua pesquisa preliminar on-line para economizar tempo e dinheiro. Se você quer saber como melhorar sua performance em um esporte, superar uma doença, eliminar um mau hábito ou se tornar um grande vendedor, não faltarão boas dicas de profissionais para a sua "determina-ação". Às vezes você precisará pagar por essas informações ou fazer um curso mais extenso, o que também é válido.

Caso decida comprar um curso ou fazer uma graduação ou pós-graduação a distância (EAD), tente falar com outros alunos e veja se os professores têm vivência e maestria no que ensinam, avalie se a escola ou professor tem boa reputação no mercado etc. O LinkedIn é uma ótima opção para ver o histórico profissional de uma pessoa, avaliar suas postagens e ter um *feeling* sobre o tipo de profissional que ele ou ela é.

A indústria de infoprodutos virou uma grande febre, e hoje se vendem cursos que frequentemente prometem mais do que entregam. Antes de qualquer coisa, veja se o curso realmente é o que você precisa e se você dispõe de tempo para fazê-lo. Eu mesmo já comprei cursos caros, acabei não investindo tempo para fazê-los e perdi o dinheiro. Fique atento aos cursos com aqueles depoimentos surreais, do tipo: "Investi quinhentos reais e hoje faturo trinta mil por mês sem sair de casa". Embora existam muitas oportunidades de ganhar dinheiro na internet, aqueles que vendem cursos costumam exagerar os resultados.

Aprendendo com os erros alheios

Como vimos, aprender com os erros de outras pessoas também é uma forma muito boa de economizar tempo e evitar gastar recursos de forma desnecessária. O caso de Eike Batista certamente traz alguns bons aprendizados. Ele chegou a ser o oitavo homem mais rico do mundo, mas todo o seu império veio abaixo por alguns erros estratégicos. Eike já tinha um pequeno grande império com a sua mineradora MMX quando se deixou contaminar pela ideia de entrar para a área de extração de petróleo para competir com a Petrobras, gigante estatal brasileira.

Era a descoberta do pré-sal, uma reserva petrolífera gigantesca encontrada abaixo de uma espessa camada de sal na costa do Rio de Janeiro. As chances de competir com a Petrobras eram mínimas, mas, ainda assim, o espírito megalomaníaco de Eike o fez começar a OGX e abrir o capital para participar do leilão do pré-sal. O resumo é que o grande projeto veio por água abaixo e milhares de investidores perderam o dinheiro que haviam investido, já que as projeções das bacias da OGX não eram reais.

Como disse o homem mais rico que o mundo já viu, Andrew Carnegie: "Coloque todos os seus ovos em um cesto e vigie bem o cesto". Acredite, o "toque de Midas" existe, mas é para uma *pequena minoria*; são pouquíssimos os Elon Musks do mundo. Foque em sua área primeiro e, depois que tiver se tornado um mestre, avalie outras oportunidades. Você sempre pode investir em startups e outros negócios, mas é importante manter o foco em uma atividade principal.

O sucesso deixa rastros

A sábia frase "o sucesso deixa rastros" é associada ao escritor e conferencista Jim Rohn, mentor de Tony Robbins. Os "rastros de sucesso" são informações e experiências importantíssimas para termos em mente na nossa jornada de crescimento pessoal ou profissional. Muitas das pessoas que obtêm sucesso em suas áreas têm prazer em dividir suas histórias e dar dicas àqueles que estão começando. Muitas vezes você pode fazer um contato por telefone, pelo LinkedIn ou buscar amigos em comum para entrevistar e colher informações dessa pessoa que tem expertise na área em que você quer se desenvolver.

Digamos, por exemplo, que você queira abrir um bar de jazz na zona norte de São Paulo. Uma das estratégias para obter ótimas informações é agendar um bate-papo informal com o dono ou gerente de um bar de jazz em um bairro completamente distante de onde você pensa em abrir o seu, evitando falar com um futuro concorrente. Acredite, as pessoas adoram contar suas histórias de sucesso; elas têm orgulho de sua jornada e gostam de dividir. Ao conseguir essa entrevista sobre como funciona um bar de jazz, peça informações que o ajudem a ter um caminho mais tranquilo, sem precisar "quebrar tanto a cara". Faça perguntas do tipo:

1. Quais são os melhores dias para música ao vivo?
2. Em qual horário deve começar a banda? Devo ter dois sets?
3. Que tipo de drinques o público prefere?
4. Que tipo de uniforme recomenda para os garçons?
5. Quais são seus drinques ou porções de maior lucro?
6. Qual sistema você utiliza para gerenciar os pedidos?

7. Quanto tempo você levou para chegar ao *break even*?
8. Se você fosse recomeçar do zero, o que faria diferente?

Em uma ou duas horas de conversa você economizará *meses* de cabeçadas. É um bate-papo/entrevista que não tem preço e que na maioria das vezes não vai lhe custar nada. O mesmo conceito se aplica se você quiser abrir um salão de cabelereiro, uma loja de e-commerce ou qualquer outro negócio. Quanto maior a complexidade do negócio, mais entrevistas você precisará fazer e mais informações precisará colher.

Outra forma importantíssima de obter informações é entrevistar ou conversar com o seu público-alvo. Se você quer abrir um bar de jazz, como falamos, nada melhor do que entrevistar frequentadores de bares e saber o que eles mais gostam ou desgostam do bar de jazz que já frequentam. Monte um *script* simples: "Tudo bem? Sou fulano de tal e estou abrindo um bar de jazz na região X. Posso fazer duas ou três perguntas rápidas sobre a sua preferência de bares, repertórios de música e comidas?". Muitas pessoas não terão paciência, mas várias terão. Faça sua lição de casa! Esse esforço de se conectar com o público-alvo e com quem já teve sucesso em sua área fará uma grande diferença. Lembre-se, "o sucesso sempre deixa rastros". Achar esses rastros poupará tempo, dinheiro, frustrações e dores de cabeça.

CAPÍTULO 8

CORTANDO O VÍNCULO COM O "EU-PASSADO" PARA UM MELHOR "EU-FUTURO"

> *"A melhor maneira de prever o futuro é criá-lo."*
> Abraham Lincoln, 16º presidente dos Estados Unidos, responsável por abolir a escravidão

A sua história até o momento sempre fará parte da sua vida, e você deve entender que tudo só fez você crescer, inclusive os momentos difíceis e as decisões equivocadas. O Universo ou o Criador sempre nos empurra para adiante, não existe retrocesso. Ainda quando parece que demos cinco passos para trás, é questão de aprendizado, pois em breve daremos dez passos para a frente.

O passado deve ser uma fonte de referência para vermos erros e acertos sem nos autopunirmos. Na realidade, precisamos olhar para trás para entender os vícios de pensamentos, crenças negativas e medos para estar atento para que eles não voltem a interferir em nossos resultados. Em breve, você olhará pelo "espelho retrovisor da vida" e saberá que as crenças limitantes ficaram lá atrás e já não fazem parte da sua realidade. Lembre-se de que o seu eu-presente não retrata o seu potencial, principalmente se a frequência do seu eu-passado era baixa e com muitas crenças limitantes. Os resultados do seu eu-futuro serão exponencialmente melhores agora que você limpou seu subconsciente pela **Reflexão**, sabe se conectar com uma **Frequência** mais alta e faz uso da sua **Imaginação** para cocriar o que realmente deseja. Por fim, lembre-se da nossa letra **D** e quarto pilar, pois a **Determinação** é um elemento chave para cocriarmos o que desejamos.

Ao aplicar o Método RFID você começará a ver transformações acontecerem em sua vida, pois se trata de um sistema completo que turbina os resultados e tem o potencial de melhorar a sua plasticidade neuronal. Também conhecida como neuroplasticidade, a plasticidade neuronal é a capacidade do cérebro de reorganizar suas conexões e de criar novas trilhas neuronais quando somos expostos a novos estímulos sensoriais, por exemplo, mudanças no estilo de vida, novos fatores ambientais, novas experiências afetivas e quando adotamos as práticas expostas no Método RFID. Como nossa personalidade está diretamente ligada aos nossos padrões de respostas neuronais, pode-se dizer que, enquanto houver neuroplasticidade, haverá possibilidade de mudarmos nossa personalidade, de melhorar resultados e de evoluirmos como seres humanos.

De acordo com o pai da psicanálise, Sigmund Freud, nossa personalidade se formava até os sete anos, e, depois dessa idade, a personalidade seria praticamente estática pelo resto da vida. O pai da psicologia americana, William James, acreditava que a personalidade era formada até os trinta anos, e, após esse período, não haveria mais mudanças na personalidade do indivíduo.

No entanto, em 1939 foi desenvolvido um estudo pela Universidade de Harvard chamado *The Grant Study*, para avaliar jovens desde o segundo ano de faculdade até o final da vida. Nesse estudo, 268 homens foram acompanhados durante toda a vida, tendo seus comportamentos, saúde física e relacionamentos afetivos avaliados periodicamente. O responsável por esse estudo foi o psiquiatra George E. Vaillant, cuja responsabilidade incluía entrevistar os 268 homens a cada dois anos, conduzir exames físicos e laboratoriais, além de saber da vida afetiva dos participantes.

Os resultados dos mais de setenta anos de estudo criaram dois marcos na psicologia moderna: o primeiro é que o desenvolvimento da personalidade segue durante toda a vida. Portanto, é possível quebrar crenças e desinstalar programas improdutivos do seu cérebro em qualquer idade. Embora algumas funções, como a memória, já apresentem uma pequena redução a partir dos trinta anos, a neuroplasticidade permite que o desenvolvimento cognitivo e da personalidade seja muito mais extenso do que tinha sido postulado por Freud e William James.

O segundo marco do *Grant Study* foi que, no final da vida, o que realmente faz a diferença para se sentir pleno são as conexões afetivas e o grau de empatia que temos. Em suma, não é o resultado financeiro, nem um DNA favorável, nem o hábito de se exercitar que realmente contribuem para um sentimento de plenitude e para a longevidade. Esse sentimento de plenitude é fruto de conexões afetivas e de relacionamentos que temos ao longo da vida e, particularmente, no período da meia-idade para frente. O atual diretor do estudo, dr. Robert Waldinger, professor de psiquiatria em Harvard, relatou em sua publicação no *The Harvard Gazette*, em 11 de abril de 2017: "Não foram os níveis de colesterol aos cinquenta anos que determinaram quão bem essas pessoas iriam envelhecer; foi quão satisfeitas elas estavam em seus relacionamentos afetivos". A reportagem ainda relata que, mais do que um QI alto e boa genética, a qualidade dos relacionamentos é um divisor de águas no fim de nossa vida.

Obviamente, os resultados dos estudos não descartam a necessidade de cuidarmos de nossa saúde, de nos exercitarmos e de fazermos exames periódicos. O *Grant Study* simplesmente aponta que há outros fatores para termos em mente, como afetividade, conexões humanas e empatia. Vale lembrar que, mesmo com conexões afetivas gratificantes, ainda precisamos da maravilhosa energia do dinheiro em nossa vida. O equilíbrio é sempre o melhor caminho.

Lembre-se de que nunca é tarde para começar, mas sempre é cedo para desistir. Enquanto nos Estados Unidos é comum você ver pessoas de setenta anos trabalhando no varejo, isso na América Latina não é bem-visto. Existe um pensamento equivocado nas culturas latinas de que sessenta anos é hora de se aposentar e cuidar de netos. Não existe nada errado em se aposentar e cuidar de netos, mas a receita de autorrealização para uma pessoa pode não ser a mesma para outra. E mais: talvez você possa cuidar um pouco dos netos e ainda assim ter alguma atividade profissional, praticar um hobby, abraçar uma causa beneficente ou mesmo empreender. Caso você esteja caminhando para a melhor idade, saiba que sempre há tempo para criar novos relacionamentos e se engajar em atividades que lhe tragam um senso de alegria, produtividade e pertencimento.

CAPÍTULO 9

DESFRUTANDO DA JORNADA

"O sucesso é uma jornada, não um destino."

Mark Twain, escritor e humorista, considerado
um dos pais da literatura americana

A jornada da vida deve ser alegre e desfrutada ao máximo. É impossível ter sucesso em meio a sacrifícios e autoflagelo: a vida precisa ser prazerosa, mesmo em meio a grandes desafios. Quando você tem objetivos alinhados com os seus propósitos, dons e valores, mesmo os momentos mais difíceis são superados. Os desafios se tornam momentos de autossuperação, e não de martírio. Como disse o escritor Joseph Campbell: "Siga o que lhe faz feliz e o Universo abrirá portas onde antes havia apenas bloqueios".

Uma das maneiras de saber se você está alinhado com o seu propósito é a alegria e a vontade de seguir em frente mesmo com possíveis adversidades. A melhor forma de saber se você está na frequência do sucesso é verificar se está alegre com o presente e esperançoso pelo futuro que virá. Devemos, inclusive, ver com alegria o dia em que o corpo físico se transforma por meio do que se costuma chamar de "morte", pois, como disse o pai da química moderna, Antoine Lavoisier: "Na natureza nada se cria, nada se perde, tudo se transforma".

Nunca embarque em caminhos que estejam em desacordo com os seus valores, pois a facilidade do começo será a insatisfação do final. Você já criou os seus valores e a sua missão, e eles serão as diretrizes para a sua trajetória. Não troque seu propósito por propostas, por mais tentadoras que elas possam parecer.

No fim das contas, o que dá vida à vida é acordar feliz e fazer o seu melhor para servir ao próximo, aos seus e ao Criador. Lembre-se de que a prosperidade não é um fim, e sim um subproduto do servir. A prosperidade advém de um propósito edificante para você e para aqueles ao seu redor, incluindo família, clientes, chefes, amigos, sociedade e, mais que tudo, o seu Criador. O ditado "não serve para viver quem não vive para servir" é uma verdade para termos sempre em mente.

Finalmente, lembre-se de que o verdadeiro sucesso é o equilíbrio nas diferentes áreas da sua vida. Busque equilibrar as sete áreas-chave da vida, lembrando que o dinheiro em si é somente uma energia de troca que você precisa dominar e colocar a seu serviço. Em suma, você deve ser o senhor do dinheiro, e não um escravo dele. Tenha você pouco ou muito, coloque o dinheiro em seu devido lugar, sabendo que ele é apenas uma energia de troca.

Quando você está alinhado com um propósito de servir que é condizente com a sua alma, percebe que o que outros chamam de sofrimento se torna um mero desafio que você irá superar com fé e alegria. E mais: a cada desafio superado você ganhará maior musculatura emocional e espiritual, tornando-se uma fortaleza inigualável. O mundo precisa e espera ansiosamente você revelar os seus dons; coloque-os para fora e veja milagres acontecerem. Abrace seus dons, e os caminhos se revelarão a cada esquina, inclusive nas horas de dúvida. Muitas pessoas ficarão maravilhadas com os seus resultados e se aproximarão para entender o que você faz de diferente para ter tanta energia, alegria e otimismo, conseguindo resultados muito acima da média.

Uma vez que você entrar nessa espiral de crescimento, sua autoestima explodirá por saber que você está avançando cada vez mais e que as coisas se encaixam de forma mágica. Utilize sempre o Método RFID para fazer a **Reflexão**, melhorar a **Frequência**, a **Imaginação** do futuro desejado e, por fim, ter **Determinação** para colocar tudo em prática.

Costumo chamar de "alinhamento espiritual" ou "*flow* divino" quando você está alinhado com seu propósito, pois, ao alcançar esse estado, nada nem ninguém consegue te frear. Você estará operando em uma frequência de sucesso, tendo encontrado um propósito de servir e multiplicar seus talentos não só para si, mas também para outros. Esse é um círculo virtuoso em que os caminhos se abrem e os sinais do Universo (sincronicidades) guiam seus passos, fazendo da sua vida uma jornada de alegria e amor para si e para aqueles ao seu redor.

Espero, por meio deste livro, ter ajudado você a encontrar a sua "Frequência de Sucesso", de maneira que você desfrute imensamente da sua jornada e deixe um legado de amor, alegria e prosperidade para os seus e para o mundo.

FONTE Utopia Std
PAPEL Pólen Natural 80 g/m²
IMPRESSÃO Paym